Chuck Spezzano:
Was Männer von Frauen über Sexualität lernen können

via nova

Taschenbuch

Chuck Spezzano

Was Männer von Frauen über Sexualität lernen können

Übersetzung aus dem Amerikanischen:
Ulrike Kraemer

vianova
Taschenbuch

Englischer Originaltitel:
What Men Don't Know About Sex…
That Women Could Teach Them
Copyright © 2008 by Chuck Spezzano

1. Auflage 2008
Verlag Via Nova, Alte Landstr. 12, 36100 Petersberg
Telefon: (06 61) 6 29 73
Fax: (06 61) 96 79 560
E-Mail: info@verlag-vianova.de
Internet: www.verlag-vianova.de
Umschlaggestaltung: Stefan Hilden Produkt- & Grafik Design, München
Satz: Sebastian Carl
Druck und Verarbeitung: Fuldaer Verlagsanstalt, 36037 Fulda

ISBN 978-3-86616-107-8

Für Julie Wookey -

unsere wunderbare Freundin

und Gefährtin auf dem Weg.

Was für eine Frau!

Danksagung

Ich danke unserem Büroteam – Charlie, Shawna, Kenny und Harrylyn. Sunny war eine unschätzbare Hilfe und hat maßgeblich zur Fertigstellung dieses Buches beigetragen. Auch meiner Familie – Lency, Chris und J'aime – möchte ich für ihre fortwährende Inspiration danken.

Gott segne euch alle!

Und schließlich möchte ich *Ein Kurs in Wundern* für den unschätzbar wertvollen Einfluss danken, den er auf mein Leben hat.

Inhalt

Einführung

Sei willkommen zu diesem Buch über ein Thema, über das sehr viele Menschen gerne reden und das fast alle Menschen gerne aus erster Hand erfahren wollen. Auch wenn Ausnahmen die Regel beweisen, möchte ich hier freimütig erklären, dass dies ein Buch der Verallgemeinerungen ist. Und bereits Oscar Wilde hat einmal gesagt: „Alle Verallgemeinerungen sind unwahr, diese eingeschlossen."

Der Liebe und Nähe in Beziehungen wohnt eine Eleganz inne, die uns über die menschliche Natur hinausführen und für das Göttliche öffnen kann. Männer, die dies wissen, muss man diesbezüglich nicht belehren, sondern braucht sich nur auf immer höheren und tieferen Ebenen mit ihnen zu verbinden. Darüber hinaus gibt es allerdings noch die große Mehrheit aller anderen Männer, und um sie geht es im vorliegenden Buch.

Ich habe mich immer sehr für das Thema „Sex" interessiert. Na gut, ich gebe zu, es war mein absolutes Lieblingsthema. Ich liebe Sex genauso wie jeder andere Mann. Na ja, vielleicht sogar noch ein bisschen mehr als jeder andere Mann. Als Kind hatte ich so großen Spaß daran, Doktor zu spielen, dass ich später tatsächlich einer wurde. Meine Frau und ich sind seit mehr als dreiundzwanzig Jahren verheiratet. Nach dem ersten Jahr unserer Ehe sagte sie, dass es nur eine Sache gebe, die sie bei mir nicht verstehe, und das sei die Frage, warum ich Psychologe und nicht Gynäkologe geworden sei. Ich versuchte zu erklären, dass es einen Unterschied gibt zwischen dem, was ich liebe und wozu ich mich als meiner Lebensaufgabe berufen fühle, und dem, was ich einfach nur liebe. Sie lächelte mich nur wissend an. Das tut sie sehr oft.

Irgendwann im Laufe des ersten Workshops, den meine Frau und ich in Frankfurt leiteten, muss ich irgendetwas gesagt haben, das Monica Casey, unsere Dolmetscherin und mittlerweile enge Freundin, in ziemliche Verwirrung gestürzt hat. Meine Frau nahm sie daraufhin in einer stillen Minute beiseite und erklärte ihr: „Immer dann, wenn du nicht verstehst, wovon Chuck redet, kannst du getrost davon ausgehen, dass es etwas mit Sex zu tun hat."

Außerdem bin ich ein Mann. Ich sehe die Welt durch drei Augen. Der Blick eines Mannes auf die Welt ist beschränkt. Es ist so, als befände er sich in einem U-Boot. Er erkennt nicht, dass ihm die *„ganze"* Perspektive entgeht, wenn er die Welt nur durch sein „Periskop" betrachtet.

Heilige Pietätlosigkeit

Wenn du es nicht schon erraten hast, dann lass dir gesagt sein, dass ich mich diesem äußerst delikaten Thema mit „heiliger Pietätlosigkeit" nähern möchte. Ich habe festgestellt, dass diese Methode es mir ermöglicht, mit einem Menschen, der ein Trauma erfahren hat, bis zur tiefsten Stufe seines Leids zu gelangen, ungeachtet dessen aber dennoch einen Hauch von Leichtigkeit zu bewahren, der verhindert, dass wir in Schmerz, Vorwürfen, Schuldgefühlen oder Scham stecken bleiben. Dieses Element der Leichtigkeit mache ich mir auch zunutze, wenn ich über Beziehungen – insbesondere über die klassische Beziehung zwischen Mann und Frau – spreche, denn meine unbeschwerte Herangehensweise gibt mir die Möglichkeit, auf eine Art und Weise mit diesen Themen umzugehen, die weder mystifizierend wirkt noch die Menschen in emotionaler Hinsicht überwältigt.

Außerdem habe ich festgestellt, dass alle Menschen, die ein – vergrabenes oder bewusstes – Problem mit Sexualität haben, auf meine Art und Weise, damit umzugehen, sehr gut ansprechen. Sofern sie nicht völlig abweisend darauf reagieren und damit eine Chance zur Heilung verspielen, habe ich die Möglichkeit, die Menschen zu erkennen, die

Hilfe brauchen, und auf sie einzugehen. Das Problem erkennen und eingestehen ist bereits mehr als die halbe Schlacht, wenn es darum geht, ein ausgeglichenes und gesundes Sexualleben zurückzugewinnen.

Nicht zuletzt besteht der Vorteil dieser unbeschwerten Herangehensweise auch darin, dass du als Frau mit Humor die Aufmerksamkeit deines Mannes anziehen und festhalten kannst. Humor ist eine der wenigen Methoden, die ein Mann dir zugesteht, wenn du versuchst, ihn zu erziehen. Ohne Humor ist es daher recht unwahrscheinlich, dass dein Mann dir für das, was du ihn lehren willst, dankbar sein wird, ganz egal, wie wichtig das, was du ihn lehren willst, zu sein scheint oder wie gut du es präsentierst. Wie spaßig du etwas darstellst, ist viel wichtiger als das, was du mitteilen willst. Du hast vielleicht das Gefühl, vor einer großen Herausforderung zu stehen, wenn du versuchst, deinen Mann im Hinblick auf Sex zu erziehen, denn fast jeder Mann hält sich für ein „Wunderkind", für Gottes Geschenk an die Frauen. Dieses Buch soll dazu beitragen, die Herausforderung ein wenig zu erleichtern.

Die zweite Möglichkeit, die Aufmerksamkeit eines Mannes zu bekommen, kennst du natürlich auch. Genau aus diesem Grund tragen Frauen mitunter T-Shirts, auf denen zu lesen ist: „Das sind nicht meine Augen!" Wenn du deine „Mädchen" wippen lässt, hast du die Aufmerksamkeit der „Jungs". Wenn du Energie aus ihnen herausströmen lässt, dann ähneln die Männer dem Rehbock, der von den Scheinwerfern eines Autos gebannt ist.

Wie du deinem Mann das Gefühl gibst, dass er geliebt wird

Am Anfang einer Beziehung geht ein Paar auf vielen Ebenen aufeinander ein. Je länger die Beziehung andauert, umso stärker geht jeder der Partner so auf den jeweils anderen Partner ein, wie es ihm selbst, nicht aber unbedingt seinem Partner am besten gefällt. Ich habe einmal ein Paar erlebt, bei dem sowohl der Mann als auch die Frau darüber klagten, dass sie sich ungeliebt fühlten. Der Mann leitete zwei Firmen, und wenn er nach Hause kam, übernahm er die Hausarbeit und kümmerte sich auch noch um das gemeinsame Kind, um seiner Frau eine Atempause zu ermöglichen. Er fiel fast vom Stuhl, als sie behauptete, er würde sie nicht lieben.

„Wie kannst du das behaupten? Sieh doch nur, was ich alles für dich tue!", warf er ihr vor. Der Mann war ganz offensichtlich ein „visueller" Persönlichkeitstyp. Er liebte Geschenke, eine gute Präsentation, ein sauberes Haus, eine attraktive Partnerin. Ihm gefiel es, wenn man ihm zeigte, dass er geliebt wurde, indem man etwas für ihn tat, und als visueller Mensch liebte er es, „hinzuschauen".

Seine Frau behauptete, ihr Mann liebe sie nicht, weil er ihr niemals sage, dass er sie liebe. Sie war ganz offensichtlich ein „auditiver" Persönlichkeitstyp. Ihr Blick zeigte ganz deutlich, dass ihr Gefühl der Verletztheit am größten war, als ihr Mann erklärte, sie würde ihn nicht lieben.

„Wie kannst du das behaupten?", fragte sie. „Ich sage dir *immer wieder*, dass ich dich liebe." Jemandem wie ihr gefällt es, wenn man mit verführerischer oder zärtlicher Stimme sagt, dass man ihn liebt, und in zweideutigen Worten mit ihm redet. Telefonsex übt auf auditive Typen einen gewissen Reiz aus.

Der dritte Partnertyp ist der Kinästhet oder „Fühler". Wenn man einen Kinästheten nicht berührt, dann fühlt er sich nicht geliebt. Finde heraus, was dein Partner möchte, indem du darauf achtest, was er dir gibt. Wenn du auf allen drei Ebenen gibst, wirst du höchstwahrscheinlich einen glücklichen Partner haben. Dein Partner geht vielleicht auf allen drei Ebenen, vielleicht aber auch nur auf einer Ebene oder zwei Ebenen auf dich ein. Finde heraus, welche Art und Weise, ihm deine Liebe zu zeigen, er am liebsten mag, und zeige ihm, wie du wirklich weißt, dass du geliebt wirst. Wenn es dir gelingt, die Dinge klar beim Namen zu nennen, ohne sie auszusprechen, dann bist du zu einer Meisterin der Erziehung geworden.

Vorspiel

Paare verfallen, wenn es um Sex geht, in gewisse Gewohnheiten, die dazu führen können, dass du deine Beziehung als alt und dein Sexleben als schal empfindest. Du musst deinem Mann beibringen, wie *du* Sex magst, und ihn lehren, in welcher Hinsicht du anders bist als er. Bring ihm bei, langsamer zu werden und sich Zeit zu lassen. Es ist ein Akt der Großzügigkeit seinerseits, den er dir aus Liebe zu dir vermutlich gerne erweisen wird. Du solltest nach Möglichkeit versuchen, es nicht dadurch zu erreichen, dass du ihn kontrollierst, denn das würde nur zu Groll und Ressentiments führen. Lass ihn wissen, dass er es richtig macht. Sei offen und voller Lob. Sprich mit ihm darüber, wie du Sex magst. Du könntest zum Beispiel sagen: „Es ist *so* gut, wenn du … tust." Dein Mann fühlt sich großartig, wenn du dich in Bezug auf Sex großartig fühlst. Erziehe ihn, ohne dass es den Anschein hat, dass du es tust. Mach keine große Sache daraus, und mach dir seinen natürlichen Wunsch, dir Freude zu bereiten, zunutze. Du kannst dein höheres Bewusstsein fragen, wie du es bewerkstelligen kannst, und darauf warten, dass du inspiriert wirst. Die Inspiration wird kommen, sofern du keine Angst hast oder in einen Kampf verwickelt bist.

Paaren, die in Bezug auf Sex in alten Gewohnheiten gefangen sind, verordne ich normalerweise eine „Mädchenverwöhnwoche". Das heißt, dass *du* bestimmen kannst, wann, wo und wie du es willst. Du kannst dir während dieser Woche natürlich auch eine Auszeit vom Sex nehmen, wenn das dein Wunsch ist. Dein Partner muss sich dir voll und ganz unterwerfen. Während dieser Zeit kannst du ihm zeigen, was du unter Spaß verstehst. Die folgende Woche ist eine „Jungenverwöhnwoche", in der seine Vorlieben erfüllt werden, was Häufigkeit oder Stellung betrifft. Er kann deine Woche mit Schwung angehen, denn er weiß, dass seine Woche kommen wird. Ich schlage in der Regel vor, dass jeder der Partner mindestens drei Runden frei hat. Wenn sie mit Bereitwilligkeit durchgeführt wird, dann vermag diese Übung einem schwächelnden Sexleben neuen Schwung einzuhauchen.

Wenn du im Alltag einmal nicht in der richtigen Stimmung bist, wenig Zeit oder Energie aufzubringen vermagst oder gerade andere Dinge im Kopf hast, dann kannst du deinem Partner eine „Jungenverwöhnrunde" schenken. So gestehst du ihm Zeit zum sexuellen Spiel mit dir zu, in der er es tun kann, wie er will (innerhalb gewisser Grenzen, wenn du darauf bestehst), und gibst ihm ein Zeichen, dass du ihn liebst, ohne dass er unbedingt erwartet, dass du selbst zum Orgasmus gelangst. Die „Jungenverwöhnrunde" wird ihn glücklich machen, wenn du die Zeit erübrigst, die notwendig ist, um ihm seine Wünsche zu erfüllen. Es braucht nicht viel, um ihm das Gefühl zu geben, dass du ihn liebst. Umgekehrt kannst du ihm zeigen, dass Sex nicht alles ist, ganz egal, was seine Lust ihm einflüstert. Bring ihm etwas über Romantik bei, indem du Romantik ins Spiel bringst. Wenn Romantik nicht Teil seiner Veranlagung ist oder er keine natürliche Begabung dafür hat, dann zeige ihm, wie es geht. Vermutlich gab es in seiner Jugend niemanden, der ihm diesbezüglich ein Vorbild gewesen wäre. Wenn du durch Sex zu einem kurzen Stelldichein mit ihm zusammenkommst, dann kannst du ihm – von diesem Punkt ausgehend – weitere wunderbare Möglichkeiten zeigen, wie ihr zusammen sein könnt. Wenn Sex wirklich das Letzte ist, wozu du Lust hast, dann betrachte es nicht als Aufopferung, sondern vielmehr als Möglichkeit, ihm durch euer Verbundensein im Sex etwas zu geben und ihn zu lieben. Genauso kannst du ihm zeigen, wie er dir auf eine liebevolle Weise deine Wünsche erfüllen kann, wenn er nicht in Stimmung ist. Das erspart euch auf lange Sicht viel Zeit und viele Probleme. Halte deinen Mann nicht an der Kette wie einen Hund, dem du ab und zu einen Knochen zuwirfst. Diese Stufe der Kontrolle und der Konkurrenz wirft ein schlechtes Licht auf euch beide und lässt zu, dass deine Angst die Beziehung beherrscht.

Deinem Mann ist nicht unbedingt bewusst, dass jede Frau einzigartig ist, wenn es darum geht, was sie anregt. Du musst ihm daher nicht nur etwas über Sex beibringen, sondern auch darüber, was *du* beim Sex magst und was nicht. Männern ist noch nicht einmal bewusst, dass die meisten Frauen einen Orgasmus vortäuschen, weil fast alle Männer das Vorspiel vortäuschen.

Meine Frau hat einundzwanzig Jahre damit verbracht, mich zu einem Experten im Vorspiel zu machen, und es sogar so weit gebracht, dass ich das Vorspiel liebte. Die „Mädchenverwöhnrunde" wurde auch zu meiner liebsten Praxis. Als ich das Vorspiel dann endlich gemeistert hatte und mich darauf freute, weil es mir großen Spaß machte, sagte sie: „Vorspiel? Wozu? Komm an Bord!" Nachdem ich an den Punkt gelangt war, an dem das Vorspiel für mich von größter Wichtigkeit war, glaubte sie, dass ihm zu viel Bedeutung beigemessen würde. Dies war einige Jahre, nachdem wir auf einer Stufe angelangt waren, auf der wir einander innerhalb von ganz kurzer Zeit wunderbare und **vollkommene** Befriedigung schenken konnten. Wir bildeten uns sogar etwas darauf ein und fühlten uns wie ein sehr erfahrenes Paar mit sehr erfahrenen Paarungen. Doch auch diese Phase machte schließlich den Weg frei für neue Phasen, und das Abenteuer ging weiter.

In jedem Land, in dem ich Seminare gegeben habe, habe ich Frauen zu Männern sagen gehört, dass sie sich beim Sex mehr Zeit lassen sollten. Das ist die allgemeine Regel. Andererseits wollte meine Frau, nachdem ich es geschafft hatte, „ultralangsam" zu werden, dass ich wieder „ultraschnell" werden sollte, wie ich es am Anfang unserer Beziehung war. Natürlich gibt es auch Frauen, die es besonders gerne mögen, wenn es „schneller und schneller" wird.

Denke daran, dass der Himmel dir helfen wird, deinem Mann zu helfen, und auch deiner Beziehung durch Führung und Inspiration zur Seite stehen wird. Das macht dich nicht nur glücklich, sondern hilft dir auch, dich daran zu erinnern, dass du im Erwachen zur Liebe, zu Gott und zum Einssein das „große O" erfahren kannst. Je größer die Nähe, umso größer sind auch die Befriedigung und die Freude. Männer, die das nicht wissen, betrachten Sex eher mit Blick auf die Quantität anstelle der Qualität, da Sex für sie fast immer eine Qualität besitzt. Männer denken normalerweise in Kategorien von „je mehr, desto besser". Das gilt insbesondere dann, wenn ein Mann jung ist und ein hohes Maß an sexueller Energie besitzt und wenn seine Beziehung ganz am Anfang steht.

Viele junge Ehefrauen sind unglücklich, weil sie ihren Partner oft nur anzulächeln brauchen, um in ihm den Wunsch zu wecken, über sie herzufallen. Für eine Frau kann das sehr abstoßend sein, und es führt wahrscheinlich dazu, dass sie zurückweicht – was wiederum auf den Mann sehr abstoßend wirkt.

Um die sexuelle Energie eines Mannes lenken und fokussieren zu können, musst du dich mit deiner eigenen Sexualität wohlfühlen. Wenn das nicht der Fall ist oder du in irgendeiner Weise verletzt wurdest, dann verpflichte dich dem Erfolg deiner Sexualität und dem Erfolg mit deinem Partner immer wieder neu, sodass Sex nicht zum Zankapfel wird, der euch trennt. Meine vielen Jahre persönlicher und beruflicher Erfahrung haben mich gelehrt, dass du, wenn du in sexueller Hinsicht verletzt worden bist, in Wahrheit bereits eine natürliche Gabe der Sexualität besitzt, diese Verletzung aber angenommen hast, um sie zu maskieren.

Ein vollkommen müheloser Weg, diese Gabe aufzudecken, besteht darin, dich deiner eigenen Sexualität, dir selbst als Partnerin in einer sexuellen Beziehung und deiner sexuellen Partnerschaft mit deinem Mann immer wieder neu zu verpflichten. Die Kraft der Verpflichtung, die bedeutet, dich rückhaltlos zu geben, bringt dich und deine Beziehung zum nächsten Stadium liebevoller sexueller Begegnung voran. Verpflichtung ist eines der wirkungsvollsten Heilmittel, die einer Beziehung zur Verfügung stehen.

Wenn du dich mit deiner eigenen Sexualität wohlfühlst, dann fühlst du dich auch mit der Sexualität deines Partners wohl. Dann kannst du ihm zeigen, dass der fühlende Aspekt von Sex kein Hindernis ist, durch das er hindurch muss, bis er bekommt, was er will, sondern vielmehr der „Saft", der Tiefe und Fülle hinzugibt. Auf dieselbe Weise kannst du ihm auch die spirituelle Verbindung zeigen, die beim Sex durch tiefe Nähe geschehen kann. Je höher das Maß an Verbindung ist, das stattfindet, umso höher ist auch das Maß an Gnade, die natürlicher Teil eures Liebesspiels ist. Der Versuch, mit ihm darüber zu sprechen, ist meist erfolglos, aber es ist äußerst wirkungsvoll, wenn du es auf liebevolle Weise mit ihm teilst.

Berührung

Zeig deinem Mann, wie wertvoll das Vorspiel ist. Und Männer, wenn ihr euch wirklich die Zeit nehmt, eure Frau zu berühren, um sie zu lieben, ohne vorschnell in erogene Zonen vorzudringen, dann baut ihr ein tiefes und dauerhaftes Sexleben mit ihr auf, das immer noch andauern kann, wenn die meisten anderen Paare schon lange „schlapp gemacht" haben.

Wenn einem Paar die sexuelle Puste ausgegangen ist, verordne ich in der Regel eine zweiwöchige Auszeit vom Sex. Für diese Zeit ist Sex tabu. Ich weise sie aber an, einander jeden Tag mindestens eine halbe Stunde zu berühren, manchmal auch eine halbe Stunde oder sogar eine ganze Stunde für jeden von beiden. Allerdings dürfen sie dabei keine eindeutig erogenen Zonen wie Genitalien oder Brustwarzen berühren. Das kann die sexuelle Leblosigkeit in einer Beziehung wieder umkehren. Berührung ist ein wunderbares Aphrodisiakum und eine echte Bestätigung für deinen Partner. Berührung verbindet euch auf immer tieferen Ebenen miteinander und bewirkt, dass eure Liebe und eure sexuelle Beziehung sich – sogar bis in eure goldenen Jahre hinein – immer weiter entfalten. Wenn du Berührung als Mittel nutzt, um Liebe zu kommunizieren, dann wird sie auch auf dein Sexleben eine heilende Wirkung haben.

Sei dir bewusst, dass dein Mann, wenn er dich in den Arm nimmt, dir hilft oder dich tröstet, dies aus reiner Liebe zu dir tut und dir großmütig die Hand reicht, weil du seine geliebte Partnerin bist. Wenn er dich aber eine Weile im Arm gehalten hat, kommt ihm ein anderer Gedanke: Was könnte noch besser sein?

Lehre deinen Mann die glückliche Macht der Berührung. Das wird dich nicht nur besänftigen und entspannen, sondern auch für seine „liebevolle Fürsorge" empfänglich machen. Auf diese Weise gewinnt ihr beide.

Sex im Kontext

Wirklich über Sex sprechen kann man nur im Kontext einer Beziehung. Eine Frau, die das liest, sagt: „Ja, natürlich!" Ein Mann sagt: „Tatsächlich? Warum das denn? Ich dachte, dass man im Sturm in jeden Hafen einlaufen darf."

Eine Frau weiß, dass, wenn eine Beziehung in Schwierigkeiten ist, dies auch auf das Sexleben der Partner zutrifft. Diese Prinzipien gelten sowohl für heterosexuelle als auch für homosexuelle Beziehungen, wobei allerdings in homosexuellen Beziehungen die männlichen/weiblichen Aspekte viel fließender sein und – manchmal sehr schnell – von einem Partner zum anderen wechseln können.

Am Anfang

Am Anfang einer Beziehung sind in der Regel beide Partner glücklich, was sowohl die Qualität als auch die Quantität von Sex angeht, aber das ist meist nicht von Dauer. Wenn die Beziehung länger andauert, und vor allem nach der Hochzeit können andere Faktoren ins Spiel kommen. Ich kenne Leute, die zölibatär leben. Unglücklicherweise sind sie fast alle verheiratet. Außer der Tatsache, dass der Reiz des Neuen irgendwann verblasst, werden die Partner nun von anderen Faktoren beeinflusst, die zuvor durch die Gefühle von Liebe und Romantik und die Bindewirkung, die Sex ausübt, ausgeblendet waren. Religiöse Glaubenssätze aus der Kindheit können in die Beziehung einsickern, und gesellschaftliche Beschränkungen in Form von Rollen und Kompensationen können in den Vordergrund treten. Ödipale Probleme zeigen sich in Form von Leblosigkeit und sogar Abscheu. In mehreren Workshops habe ich die Metapher vom Bienerich und der Blume nachgespielt, um diese unglückliche Wende zu beschreiben.

Der Bienerich und die Blume

Die Blume erwacht eines Morgens und beschließt, dass sie es jetzt lange genug mit den zahllosen Bienen auf der Wiese getrieben hat. Es ist an der Zeit, endlich solide zu werden. Deshalb sammelt sie ihren einzigartigen und kostbaren Duft und verströmt ihn in Richtung des Bienerichs, auf den sie ein Auge geworfen hat. Der Bienerich ist gerade glücklich und gut gelaunt dabei, Nektar zu sammeln und auf der ganzen Wiese umherzuschwirren, als ein Hauch des ganz besonderen Duftes ihn wie mit einem Lasso einfängt: „Bzzzttt!"

Er eilt über die Wiese und gibt dabei glückliche kleine Bienengeräusche von sich – „Bzzt, bzzt, bzzt" –, bis er bei der Blume ankommt. Als er sie erreicht, scheint sie ihren Duft ganz allein für ihn zu verströmen. Sie schlingt ihre Blütenblätter um ihn, und er ist ein glücklicher kleiner Bienerich: „Bzzzzzzzzt, bzzzzzzzzt."

Der Bienerich und die Blume heiraten, und sie sind ein glückliches Paar: „Bzzt, bzzt, bzzt!"

Dann aber beginnt eine Veränderung einzutreten, und die Blume verströmt nicht länger ihren betörenden Duft. Manchmal schließt sie sogar ihre Blütenblätter und sperrt den Bienerich aus. Der Bienerich wird immer schlaffer: „Bzzzt, bzzt, bzt." Mitunter ist er so schlaff, dass er nur noch ein Schatten seines früheren Selbst ist. Dann muss er sich entscheiden, ob er zur großen Wiese zurückkehrt, um sich nach einer anderen Blume umzusehen, weil er anderenfalls irgendwann unwiderruflich erschlaffen wird. Wenn er beschließt, auf die Wiese zurückzukehren, und auf dem Weg vor sich hinsummt, dann wacht die Blume oft auf und verströmt erneut ihren exotischsten Duft, um den kleinen Bienerich zu sich zurückzulocken. Der Bienerich schnuppert den ganz besonderen Duft und eilt zu seiner Blume zurück: „Bzzzt, bzzzt, bzzzt." Sie begrüßt ihn glücklich, heißt ihn mit weit geöffneten Blütenblättern willkommen, und er ist ein glücklicher Bienerich: „Bzzzzt!" Manchmal kehrt die alte Angst vor Nähe jedoch zurück, und die Blume fängt wieder an, sich zu verschließen. Der Bienerich ist erneut in der Kälte ausgesperrt oder zieht sich von der Blume zurück. Mitunter geht es mehrmals hin und her. Der Bienerich zieht sich zurück – „Bzzzt, bzzt, bzt" –, nur um gleich wieder von der Blume angelockt zu werden. Und so geht es immer weiter. „Bzzzzt!" „Bzt." „Bzzzzt!" „Bzt." „Bzzzt!" „Bzt." Es ist eine traurige, aber wahre Geschichte.

Ein Paar muss bereit sein, sich nicht nur einander, sondern auch seiner sexuellen Beziehung immer wieder neu zu verpflichten, um sie zu beflügeln und zum nächsten Neubeginn voranzubringen. Auf diese Weise wird der Duft unaufhörlich verströmt, und das „bzzzt" bleibt immer kraftvoll.

Ratschlag von einem alten Feldwebel

In den 70er Jahren habe ich als Zivilpsychologe am Drogenrehabilitationszentrum der amerikanischen Marine in San Diego gearbeitet. Ein junger Feldwebel, der dort als Betreuer auf unserer Etage arbeitete, sprach eines Tages mit seinem Vorgesetzten, einem alten Oberfeldwebel, über die mangelnde Bereitschaft seiner Frau zum Sex. Der ältere Mann hörte ihm eine ganze Weile zu und riet ihm dann, er solle seine Frau am kommenden Samstagabend ausführen und für die Kinder einen Babysitter besorgen. Er schlug ihm vor, dass sie nett zu Abend essen und anschließend tanzen gehen oder etwas anderes unternehmen sollten, woran beide Freude hatten. Wenn sie nach Hause zurückgekehrt waren, sollte er seine Frau ganz einfach in den Arm nehmen, aber keine Annäherungsversuche sexueller Natur machen. Der Sonntag war für die Kinder da, und den Rest der Woche würden sie beide sehr beschäftigt und viel zu müde sein. Am darauffolgenden Samstag sollte er seine Frau wiederum zu einem netten Abendessen einladen.

Nach dem ersten Samstagabend verkündete der junge Feldwebel, dass sie sich wirklich gut amüsiert hätten. Er berichtete, wie überrascht seine Frau gewesen sei, als er keine sexuellen Annäherungsversuche gemacht oder diesbezüglich etwas von ihr erwartet habe. Der ältere Mann lächelte und sagte, er habe seine Sache gut gemacht. Er riet ihm, seine Anweisungen für die kommende Woche einfach zu befolgen und die Dinge ihren Lauf nehmen zu lassen.

Am folgenden Montag verkündete der junge Feldwebel mit einem breiten Lächeln im Gesicht: „Ich habe den Abend ganz einfach genossen, ohne zu überlegen, was als Nächstes kommen würde, oder etwas zu erwarten. Der Babysitter war kaum weg, als meine Frau anfing, mir die Kleider vom Leib zu reißen."

Ein Mann, der den letzten Abschnitt liest, hat vermutlich für die Zukunft eine Lehre daraus gezogen, während seine Frau nur sagt: „Logisch!"

Warum tun Frauen das nur immer?

Auch wenn „Quickies" ganz sicher gewisse Vorzüge haben, möchtest du deinem Mann vielleicht den Wert der verzögerten Belohnung nahe bringen. Wenn es dir gelingt, werdet ihr beide mit dem Ergebnis zufrieden sein.

Männliche Psychologie

Ich werde dir jetzt die Geheimnisse männlichen Denkens im Hinblick auf Sex verraten. Du wirst entdecken, dass du, sofern du nicht tief verletzt wurdest oder ganz und gar in dir selbst gefangen bist, über ein natürliches Wissen dessen verfügst, was ich dir sagen möchte. Wenn du also eine Minute erübrigen kannst, dann werde ich dir alles sagen, was es über männliche Psychologie zu wissen gibt.

Während ihr Vater-Mutter-Kind gespielt und in Rollenspielen erste Beziehungen geübt habt, habt ihr viel Praxis im wichtigsten Aspekt des Lebens erworben – nämlich in Beziehungen. Während ihr für das Leben und die Partnerschaft geübt habt, haben wir Jungs viel Zeit mit Soldatenspielen, Sport und Videospielen verbracht und dadurch viel Praxis in … nun … Soldatenspielen, Sport und Videospielen erworben. Wohl oder übel seid ihr – die Frauen – also sowohl die Führerin als auch die Lehrerin, wenn es um Beziehungen, Kommunikation und Sex geht.

Viel Glück!

Ich bin sicher, ihr kennt das Motto jedes Mannes:

ICH BIN EIN MANN.

ICH KANN MICH ÄNDERN.

WENN ICH MUSS,

NEHME ICH AN.

Das sind sie also. Alle wesentlichen Fakten über Männer stehen nun kurz vor der Enthüllung. Wenn ihr versucht, uns zu erziehen, dann solltet ihr besser wissen, mit wem und mit was ihr es zu tun bekommt. Denkt zuallererst daran, sanft zu uns zu sein, da wir die zerbrechlicheren Gefäße sind. Untersuchungen an Säuglingen haben sogar ergeben, dass männliche Babys weitaus sensibler als weibliche Babys sind. Dieser Wesenszug wird uns durch die Kultur allerdings schon in einem sehr frühen Alter ausgetrieben, damit wir bereit sind, der Welt als Männer entgegenzutreten und nicht als „Schlappschwänze".

Dissoziation[1]

Wir alle sind in extrem hohem Maße dissoziiert. Wenn unser wahrer Zustand das Einssein ist, dann haben wir nicht nur den Himmel selbst von unserem Bewusstsein abgeschnitten, sondern auch die Liebe, die uns alle eins sein lässt. Unnötig zu sagen, dass wir mehr abgeschnitten haben, als uns bewusst ist. Uns durch Nähe miteinander zu verbinden kann uns dabei helfen, unseren Weg zum Einssein – Schritt für Schritt – zurückzufinden.

Auf einer praktischeren Ebene scheinen Männer den Markt zu dominieren, wenn es um die Dissoziation von Emotionen in Beziehungen geht. Ein Psychiater, der kürzlich in einer Talkshow eine Frau interviewte, erhielt folgende Antwort auf seine Frage nach Männern: „Männer kennen drei Emotionen: wütend, hungrig und geil."

Je höher das Maß an Dissoziation, das ein Mann entwickelt, umso stärker wendet er sich dem Sex zu, um über-

---

1 Dissoziation ist eine Abwehrstrategie des Egos, die uns vor Gefühlen von Bedürftigkeit, Leid, Schuld oder Aufopferung bewahren soll. Dissoziation führt zu einer Spaltung im Bewusstsein. Es sieht so aus, als hätten wir alles unter Kontrolle, aber in uns spüren wir noch immer alles Leid, allen Hunger und alle Einsamkeit. Sie erzeugt eine Unfähigkeit, zu fühlen oder zu empfangen.

haupt etwas zu fühlen. In diesem Fall kann Sex für ihn als Motivation dienen, sein ganzes Herz zurückzugewinnen.

Dissoziation ist eine Abwehrstrategie, die ungewollte Emotionen abschneidet und alles, was wir als zu überwältigend empfinden, sei es zu positiv oder zu negativ. Liebe gibt uns den Mut, die vielen Türen in unserem Herzen und in unserem Geist zu öffnen, die wir verschlossen haben, sodass wir in höherem Maße für Liebe und Verbundenheit verfügbar sind. Je stärker wir dissoziiert sind, umso weniger mögen wir es, berührt zu werden. Berührung und das Fühlen von Emotionen gehören jedoch zu den Methoden, mit deren Hilfe es uns gelingen kann, unser Herz zurückzugewinnen und Partnerschaft entstehen zu lassen. Ohne die Fähigkeit des Fühlens gibt es auch keine Fähigkeit des Empfangens.

Weil du in eurer Beziehung die Führende bist, ist es wichtig, dass du nicht darin schwelgst, deine Emotionen zu fühlen oder deine Bedürfnisse erfüllt zu bekommen. In der Regel entspricht das Maß, in dem der eine Partner hysterisch ist oder in seinen Emotionen schwelgt, dem Maß, in dem der andere Partner dissoziiert ist. In Wahrheit gehen beide der echten Emotion so weit wie möglich aus dem Weg. Eine Hysterikerin fühlt viele Emotionen, nutzt dies jedoch, um die Tatsache zu maskieren, dass sie der echten Emotion an der Wurzel des Problems aus dem Weg geht. Schwelgen kann in derselben Weise benutzt werden, um Emotionen aus dem Weg zu gehen. Schwelgen versucht, ein Bedürfnis erfüllt zu bekommen, geht aber der Emotion aus dem Weg, die uns, wenn wir uns ihr stellen und sie heilen würden, von diesem Bedürfnis befreien würde. Wenn du als Frau also die Integrität im Hinblick auf deine Emotionen bewahrst, lockst du deinen Mann auf natürliche Weise in sein Herz zurück. Neben der Inspiration und der Vorbildrolle, die sich daraus ergeben, hilft es dir außerdem, deinen Platz der natürlichen Autorität und Heilung einzunehmen.

Wenn du einem Mann dabei hilfst, sein Herz zu finden, dann kann er dir helfen, dein erstaunliches sexuelles Potenzial zu erkennen. Sex zwischen einem Mann, der sein Herz zurückgelassen hat, und einer Frau, die ihren Körper verlassen hat, ist ein echter Jammer. Es bleibt nicht viel, mit dem man sich verbinden kann.

Männer als Helden

Jungen werden dazu erzogen, Helden zu sein. Unsere ganze Aufmerksamkeit ist darauf ausgerichtet, und daraus beziehen wir unsere Daseinsberechtigung. Wir wollen unsere Liebe und unseren Mut zeigen. Wir wollen beweisen, wozu wir als Mann fähig sind. Der Film, der dieses Element männlicher Psychologie am besten zeigt, ist *Rocky I*. Eine Frau, die diesen Film sieht, erlebt zwei Männer im Ring, die sich um des Ruhmes willen gegenseitig die Seele aus dem Leib prügeln. Sie sieht ihre zerschlagenen und blutigen Gesichter und fragt sich: „Wozu das alles? Was für eine Verschwendung." Ein Mann wischt sich heimliche Tränen aus den Augen, wenn er nach dem Film das Kino verlässt. Er ist berührt und inspiriert: „Rocky hat es mit dem Champion aufgenommen. Er hat nicht gekniffen. Er hat genauso viel ausgeteilt, wie er eingesteckt hat. Na, was ist denn mit meinen Augen los? Muss eine Allergie sein."

Wenn du diesen Heldenaspekt von Männern nicht verstehst, dann bekommst du gar nicht mit, worum es bei Männern überhaupt geht. Neben der Tatsache, dass das Maß, in dem du deinen Mann verstehst, dem Maß entspricht, in dem er dich versteht, gibt es noch einen anderen, machtvolleren Faktor im Hinblick auf einen Mann, der zu deinen Gunsten arbeitet. Er will *dein* Held sein. Alles, was er tut – ob einer von euch oder ihr beide euch dessen bewusst seid oder nicht –, tut er für dich. Alles, was er hat, gibt er für dich.

Der Dichter Edward E. Cummings gibt dies in seinem Werk *I: six non-lectures* auf wunderbare Weise wieder. Er spricht davon, dass er sich auf einem Drahtseil hoch über der Menge befindet und auf drei übereinander befindlichen Stühlen balanciert. Die drei Stühle sind die drei Tatsachen seines Daseins: „Ich bin ein Mann. Ich bin ein Dichter. Und ich bin ein Versager. Ein Mann, ein Dichter und ein Versager müssen weitergehen." Er spricht von der Menge, die applaudiert, weil sie nicht versteht, dass aber „dein nach oben gewandtes Gesicht" sieht und erkennt, was er tut und was er gibt, und dass das alle Anerkennung ist, die er braucht. Ein Mann, der ein Dichter und ein Versager ist, bleibt nicht stehen, gibt nicht auf und ist jederzeit bereit, sich zu öffnen, um voran zu kommen. Ein Mann hat das Gefühl, dass er nie an seine höchsten Ideale heranreichen kann. Es spielt keine Rolle, wie viele Ziele er erreicht, denn seine höchsten Ziele weisen ihn im Vergleich dazu immer noch als Versager aus. Seine Liebe trägt ihn jedoch voran und lässt neue Vision entstehen. Es ist ein Ziel, das zu weit entfernt ist, um es erreichen zu können – ein unmöglicher Traum, aus der Liebe geboren. Genau deshalb ist „Der unmögliche Traum" die Hymne des Mannes.

Was in der westlichen Literatur den Helden vom tragischen Helden unterscheidet, ist nicht die Frage, ob er lebt oder stirbt. Charakteristisch für den tragischen Helden ist die Tatsache, dass niemand ihn versteht – wer er ist und was er gibt. Genau das ist der Grund, aus dem Rocky am Ende des Kampfes blutend und zerschlagen vom Boden aufsteht und ruft: „Adrienne! Adrienne! Adrienne!" Er sucht nach ihr. Sie ist diejenige, die ihn sehen soll. Auf der tiefsten Ebene hat Rocky es nicht nur für sich, sondern für sie getan. Sie hatte ihm gesagt, dass sie nicht zu dem Kampf kommen würde, weil sie es nicht ertragen könne, ihn verletzt zu sehen. Doch ganz am Schluss ist sie da, hört, wie er ihren Namen ruft, und läuft zu ihm hin. Der Champion, der ebenfalls zerschlagen und blutig ist, hebt den Arm zu einer Geste des Sieges, aber Rockys Triumph gilt nicht nur Adrienne – er ist Adrienne.

Ein Mann mag in seiner Arbeit ein Held und sehr erfolgreich sein, aber solange er bei seiner Frau nicht erfolgreich ist, hat er nicht das Gefühl, erfolgreich zu sein. Ich habe viele Männer erlebt, die Helden waren, sowohl in ihrer Arbeit als auch im Leben, die diesbezüglich bei ihren Frauen jedoch versagt hatten. Das vorherrschende Gefühl im Leben dieser Männer war, ein Versager zu sein. Ob du es also weißt oder nicht, und ob du es verstehst oder nicht – was immer dein Mann tut, ist allein für deine Augen bestimmt.

Die Ausnahme zu diesem Prinzip tritt dann ein, wenn ein Mann zu unabhängig geworden und damit dissoziiert ist. Diese Falle verheißt nichts Gutes für eine gesunde und glückliche Beziehung. Jedes Paar hat im Durchschnitt etwa zehntausend Probleme zu heilen, ehe es zum Gleichgewicht und zur Partnerschaft in der Beziehung gelangt. Das bedeutet, dass ein Paar sowohl über das Stadium des Machtkampfs als auch über das der toten Zone hinausgelangen muss. Meine Frau und ich haben alle zehntausend Schritte auf dem langen Weg der Forschung hinter uns gebracht, aber dir möchte ich einige Abkürzungen zeigen.

Nimm deinen Platz ein

Damit eine Beziehung erfolgreich sein kann, muss die Frau ihren Platz einnehmen. Eine Frau ist auf natürliche Weise die Regisseurin, Pädagogin und Führerin, wenn es um Nähe, Emotionen, Kommunikation und Sex geht, denn dies ist ihre Aufgabe in der Beziehung. Die Beziehung ist führerlos, wenn die Frau nicht ihren Platz einnimmt und sich der Gleichheit verpflichtet. Ein Mann, der sich selbst überlassen bleibt, ist wirklich kein schöner Anblick. Er gleicht Don Quixote mit schief sitzendem Helm, der auszieht, um Windmühlen zu bekämpfen, oder sich auf irgendeinen anderen sinnlosen Kreuzzug begibt. Wenn eine Frau noch Bedürfnisse aus der Kindheit mit sich herumträgt, die ihr Vater nicht erfüllt hat, und nun versucht, diese Bedürfnisse durch ihren unabhängigen Partner erfüllt zu bekommen, dann handelt sie ihrem eigenen Interesse zuwider. Sie will vielleicht, dass ihr Mann unabhängig ist, um ihre Kindheit wieder auferstehen zu lassen und irgendwie endlich ihre Kleinmädchenbedürfnisse erfüllt zu bekommen, aber die Frau in ihr wird das unabhängige Verhalten ihres Mannes hassen. Der Grund dafür ist, dass ein Mann mit zunehmender Unabhängigkeit zuerst dissoziiert und sich dann vom Flegel zu einem richtiggehenden Dreckskerl entwickelt.

Der Quarterback

Als Frau bist du das, was man im American Football als Quarterback des Teams bezeichnet. Du bestimmst, was gespielt wird. Du dirigierst den Spielablauf. Es gibt nur eine einzige Sache, die besser ist, als deine Position als Quarterback einzunehmen – so feinfühlig zu sein, dass du den höchsten „Coach" bestimmen lässt, was gespielt wird. Diese spirituelle Dimension wird deine Beziehung um Kraft und Stabilität bereichern. Im Originaltext von **Ein Kurs in Wundern** heißt es dazu im entsprechenden Abschnitt vom 12. November 1966:

> *Gottes Macht ist für alle Zeit auf der Seite SEINES Gastgebers* [**das bist du**],
> *denn sie beschützt NUR den Frieden, in dem ER wohnt.*

Gott wird dich als den Quarterback unterstützen und deinen Frieden bewahren. Dein Friede ist deine Zuversicht, und deine Zuversicht ist dein Erfolg. Der höchste Coach wird das Spiel immer so gestalten, dass du von Konflikten frei und von Frieden erfüllt bist. Wenn du ein schwacher Quarterback bist und deiner Autorität aus dem Weg gehst, dann scheitert das ganze Team. Du musst deinen Platz einnehmen. Und es ist doch schön zu wissen, dass der Himmel von innen heraus für dich sorgt und dass die göttliche Liebe als eine Dimension deiner Beziehung gegenwärtig sein kann. Wenn du auf den höchsten Coach in dir hörst, wirst du besser darin, deinen Mann zu „coachen". Wenn du nicht auf die Inspiration hörst, wirst du ihn nicht inspirieren können.

Deinen Platz als die ganz natürliche Regisseurin und Pädagogin in der Beziehung einzunehmen bedeutet, deine Beziehung höher zu schätzen als Recht haben zu wollen, deinen Willen durchsetzen zu wollen oder in deinen Bedürfnissen zu schwelgen – alles Mittel, mit deren Hilfe du deine Angst benutzt, um deinen Partner als Geisel zu nehmen. Wenn du deinen Platz einnimmst, wirst du feststellen, dass du deinen Partner ganz natürlich auf eine Weise lenkst, die euch beiden zugute kommt. Wenn du mit Würde lenkst, wirst du einen dankbaren Partner haben. Wenn du kontrollieren willst, wirst du nur einen Machtkampf heraufbeschwören. Ein Quarterback oder Regisseur kontrolliert nicht. Er inspiriert und führt, oder er gibt selbst sein Bestes und bittet im Gegenzug gleichfalls darum.

Gleichheit

Es ist von entscheidender Bedeutung, dass du darauf achtest, welches Maß an *Gleichheit* es in deiner Beziehung gibt, denn wenn sie aus dem Gleichgewicht gerät, dann bekommst du es entweder mit einem Kampf oder mit Leblosigkeit zu tun. Wenn die Beziehung im Ungleichgewicht und somit in der Ungleichheit ist, dann sind weder die Beziehung selbst noch der Sex innerhalb der Beziehung zufriedenstellend. Durch das Herstellen des Gleichgewichts in der Beziehung werden die Nähe und Zuversicht wieder hergestellt, die gefehlt haben. Achte ganz einfach auf Zeiten, in denen du und dein Partner nicht mehr ebenbürtig zu sein scheinen, und verpflichte dich der Gleichheit wieder neu, bis ihr beide an einen Ort gelangt, an dem ihr euch auf einer höheren Stufe befindet. Dies geht über den Bereich von 50:50 hinaus, in dem ihr zum ersten Mal zur Gleichheit gelangt, und schraubt euch auf die höheren Stufen sowohl der Stabilität als auch der Kreativität in der Beziehung, wie etwa 60:60 oder 80:80, hinauf. Wenn du die Gleichheit von ganzem Herzen willst, wird sie dir gehören.

Gleichheit bringt Frieden, und aus dem Frieden gehen Liebe, Fülle, Freude und alle guten Dinge hervor. Denke daran, dass die Inspiration einem offenen Geist ihre Aufwartung macht. Die Macht des höchsten „Coachs" ist für alle Zeit auf deiner Seite. Sex kann dazu dienen, die Gleichheit wieder herzustellen, insbesondere dann, wenn er aus einer Großzügigkeit herrührt, die über den gewöhnlichen Rahmen eurer Beziehung zueinander hinausgeht.

Wenn dein alter Schmerz, dein Schwelgen, deine Bedürfnisse, Selbstgerechtigkeit und Konkurrenz dir wichtiger sind als dein Partner und deine Beziehung, dann werden alle dafür büßen müssen. Während der Zeit, in der ich als Eheberater gearbeitet habe, wurde mir irgendwann klar, dass, wenn eine Frau bereit ist, ihren Platz einzunehmen, ihre Aufgabe in der Beziehung anzunehmen und ihre emotionale Integrität zu wahren, sich trotz aller Herausforderungen, denen sie und ihr Partner sich stellen müssen, alle Dinge in dem Maße entfalten und transformiert werden, das notwendig ist, damit sie eine glückliche und intensive Beziehung führen können. Wenn eine Frau sich der Gleichheit von ganzem Herzen verpflichtet, dann besitzt sie sowohl die Autorität als auch die Attraktivität, die Beziehung zu führen.

Ein Beispiel für mangelnde emotionale Integrität ist es, wenn du deinen Partner dazu drängst, irgendetwas zu tun, oder ihn dazu bringen willst, sich zu ändern. Das tust du immer dann, wenn du selbst nicht bereit bist, dich zu ändern oder einen Schritt voranzugehen. Es gibt in Beziehungen ein ökonomisches Prinzip, das dazu beitragen kann, Partnerschaft entstehen zu lassen: Wenn ein Partner einen Schritt vorangeht, dann ziehen beide Partner den Nutzen daraus. Ein Mann wächst am liebsten dadurch, dass seine Partnerin den Schritt für ihn geht.

Wenn dein Mann es satt hat, dein Held zu sein, weil du nicht zulässt, dass er dich erreicht oder dir hilft, dann vertreibst du ihn. Dies ist fast immer eine Form von passiver Aggression, die auf lange Sicht katastrophale Auswirkungen haben wird. Wenn du es lange genug tust, wird er sich eine andere Frau suchen, deren Held er sein kann, oder er wird, falls er dir treu bleibt, seine Energie investieren, um auf der Arbeit ein Held zu sein, und du wirst zur Arbeitswitwe. Wenn du verstehst, um was es in einer Beziehung wirklich geht, dann verstehst du auch, dass sie deine größte Chance zum Glücklichsein und die schnellste Form persönlichen und spirituellen Wachstums ist. Wenn du deinen Mann verstehst und wenn du nicht darauf bestehst, dass es in eurer Beziehung nur um dich geht, dann verstehst du, wie einfach es ist, ihn zu lenken und zu motivieren. Ist er deiner Meinung nach zu starrköpfig, dann spiegelt dies nur deinen verborgenen Mangel an Bereitschaft wider, dich zu ändern. Wie beim Quarterback werden deine Freundschaft und Verbundenheit mit ihm dich mit natürlichem Charisma und natürlicher Führungsstärke erfüllen. Und natürlich hast du immer noch deine Verführungskraft, die eine Stufe besser ist als das, was ein Quarterback zur Verfügung hat, um seine Spieler zu beeinflussen und zu inspirieren. Sie wird dir auf eine ganz natürliche Weise helfen, vorausgesetzt, dass du nicht abhängig bleibst, statt ebenbürtig zu sein, und dadurch deine Attraktivität verlierst.

Wie du deinen Mann
motivieren kannst

Nun kommen wir zu der Frage, wie du deinen Mann motivieren kannst. Natürlich gehört dazu, dass du wissen solltest, wie wichtig es ist, ihn anzuerkennen und ihm zu sagen, dass er seine Sache gut gemacht hat. Wenn er seine Sache einmal nicht gut gemacht hat, dann ist Humor der beste Weg, es ihm beizubringen. Deine Anerkennung dessen, was er tut, zeigt ihm, wie er dich anerkennen und wertschätzen kann. Um dir auszurechnen, wie du deinen Mann motivieren kannst, brauchst du wirklich kein Genie zu sein. Was jeder Held am meisten genießt, sind die Anerkennung und die Belohnung, die seine Geliebte ihm schenkt. Und in welcher Form möchte er am liebsten belohnt werden? Natürlich, was denn sonst!

Am Anfang unserer Beziehung habe ich meiner Frau einmal eine Karte geschickt, auf der eine blonde Frau mit Schürze im Stil der fünfziger Jahre zu sehen war, die mit ihrer blonden, blauäugigen und ähnlich gekleideten Tochter zusammen das Geschirr abwusch. Das Mädchen sah zur Mutter auf und fragte: „Mama, stimmt es eigentlich, dass

Männer immer nur an Sex denken?" Die Mutter lächelte ihre Tochter an und sagte: „Liebes, wenn es um Sex geht, können Männer nicht denken."

Missbrauch

Wenn du Sex als Waffe benutzt oder vorenthalten oder als Form der Manipulation missbraucht hast, dann hast du eine der größten Antriebskräfte verspielt, die es für einen Mann gibt, und du wirst einen entsprechenden Preis dafür bezahlen. Wenn du dich aber verpflichtest, Sex auf eine wahre Weise zu benutzen, dann ist es womöglich noch nicht zu spät. Ein weiterer hilfreicher Schritt besteht darin, den Fehler in die Hände deines höheren Bewusstseins zu legen, damit es ihn für dich ungeschehen macht, und ihm die Verantwortung für dein Sexleben zu übertragen. Versuch es einmal. Du könntest überrascht sein, wie einfach und wirkungsvoll es ist.

Männer sind „Macher"

Die zweite wichtige Dynamik der männlichen Psychologie – neben dem Wunsch, ein Held zu sein – ist die des „Machers". Manchmal ist sie sehr hilfreich, und manchmal fordert sie deine gesamte Geduld. Irgendwann wird sich der Wunsch deines Mannes, Dinge – ob Probleme, Autos oder Haushaltsgegenstände – in Ordnung zu bringen, auf dich richten. Wenn du dich schlecht fühlst oder dich über irgendetwas beklagst, dann tut sich der Held mit dem Macher zusammen und eilt zu dir, um die Situation zu retten. Er versteht nicht, dass **dein Beweggrund, deinen Schmerz zum Ausdruck zu bringen, darin besteht, Liebe zu bekommen.** Aufgrund seines drängenden Bedürfnisses, dir zu helfen, kann er dein offensichtliches Bedürfnis nach Liebe nicht sehen. Gib ihm einen Tipp, denn solange du es nicht tust, wird er keine Ahnung haben. Und du kannst ihm nicht einmal einen Vorwurf machen, wenn ihm als mögliche Lösung die einzige Sache in den Sinn kommt, die bei ihm immer funktioniert, damit es ihm besser geht – nämlich Sex. Er weiß nicht, dass du, **wenn du geliebt wirst**, nicht nur dich selbst, sondern auch ihn und das Abendessen mühelos auf die Reihe bringst.

Erziehe deinen Mann. Zeige ihm, wie er es richtig macht. Er will lernen. Er will dein Held sein. Du bist das Wichtigste in seinem Leben, selbst wenn er es noch nicht weiß. Wenn er es noch nicht weiß, dann ist die Beziehung aus dem Gleichgewicht, und du tätest gut daran, dich von ganzem Herzen der Gleichheit zu verpflichten. Alles, was du von ganzem Herzen willst, wirst du erschaffen. Wenn dein Mann unabhängig bleibt, dann ist es nur eine Frage der Zeit, bis jemand zum Opfer gemacht wird – nämlich du. Wenn du ihm nicht ebenbürtig bist, dann wirst du nicht imstande sein, ihn zu erziehen oder zu lenken. Und wenn du von einem unabhängigen Mann mitgeschleppt wirst, sei auf der Hut. Denk daran – er will dein Held sein.

Deine Beziehung dreht sich nicht einzig und allein um dich. Wenn du das nicht lernst, dann habe ich nur wenig Hoffnung für deine Beziehung oder dein Glücklichsein. Wenn deine Beziehung nur dem Zweck dienen soll, deine Bedürfnisse zu erfüllen oder zu beweisen, dass du etwas ganz Besonderes bist, dann wirst du unfähig sein, deinem Partner zu helfen. Ein solches Verhalten reißt die Beziehung an sich, und du wirst den Preis dafür zahlen, indem du zusiehst, wie dein Mann, deine Beziehung und du selbst scheitern – in dieser Reihenfolge. Du kannst zwar vor deinem Scheitern in Beziehungen davonlaufen, indem du dissoziierst oder andere Beziehungen eingehst, aber du kannst dich nicht verstecken. Dein wiederholtes Scheitern lässt ein Muster entstehen. Männer wissen nicht viel über Emotionen, sodass sie in Beziehungen schnell einmal emotional schwelgen oder selbstsüchtig sind, ohne es wirklich zu erkennen … aber du bereitest das Bett, in dem du schläfst. Wenn er in seinem Ärger und Zorn schwelgt, dann musst du ihm zeigen, dass es einen besseren Weg gibt. Zeige ihm, dass er keine Angst zu haben braucht, die tiefere Emotion, die Ärger und Zorn immer verbergen, zu fühlen und mit dir zu teilen.

Worum es beim Sex überhaupt geht

Sex ist ein Aspekt der Kommunikation. In dieser Funktion kann er dazu dienen, eine Brücke zu deinem Partner zu bauen. Nimm dir ein wenig Zeit, um herauszufinden, was du deinem Partner durch Sex kommunizierst. Wenn dir die Botschaft, die du ihm vermittelst, nicht gefällt, kannst du sie verändern. Wenn du nicht Liebe kommunizierst, dann arbeitest du gegen dich. Der Tatsache, dass du das, was du anderen Menschen – und insbesondere den Menschen, die dir wichtig sind – antust, immer auch dir selbst antust, kannst du nicht entfliehen. Wie du in allgemeiner Hinsicht kommunizierst, zeigt dir, welche unterbewussten Muster du in Bezug auf Sex hast. Nimm dir ein wenig Zeit, um darüber nachzudenken, was du deinem Partner kommunizierst und auf welche Weise du es tust.

Projektion

In deiner Beziehung ist das Prinzip der Projektion am Werk. Dieses Wissen kann sehr hilfreich sein, weil es dir mitteilt, welche unbewussten Angelegenheiten dich daran hindern, Liebe und Erfolg zu haben. Zu erkennen, welche Probleme du versteckt hast, kann äußerst hilfreich sein, wenn es darum geht, dich von emotionalen Blockaden und vergrabener Selbstverurteilung zu befreien.

Was sind deine drei größten Klagen über deinen Partner?

1. ....

2. ....

3. ....

Welche Klagen hast du über deinen Partner im Hinblick auf Kommunikation?

1. ....

2. ....

3. ....

Öffne dein Herz und mache dich auf das gefasst, was ich dir jetzt sagen werde: Alles, worüber du dich in Bezug auf deinen Partner beschwerst, hast du selbst getan. Es mag nicht so aussehen, als ob du es getan hast. Du hast es möglicherweise unter Kompensationen oder einer guten Maske versteckt. Wenn dein Partner es allerdings so unverhohlen tut, dass du dich laut oder leise darüber beschwerst, dann trägst auch du dieses Selbstkonzept in dir. Unabhängig davon, ob du es vollständig kompensierst oder von Zeit zu Zeit auslebst, *quälst du dich diesbezüglich immer noch selbst*. Sobald du das erkennst, brauchst du nur noch einen weiteren Schritt zu gehen, um euch beide von diesem Problem zu befreien. Willst du dich bezüglich dieser Selbstkonzepte weiter selbst quälen, oder willst du die innere Folterkammer aufgeben und stattdessen deinem Partner helfen? Falls du dich dafür entscheidest, ihm zu helfen, stelle dir vor, wie du die Folterkammer an dein höheres Bewusstsein übergibst, damit es sie für dich demontiert. Sieh dich selbst, wie du sie zurücklässt, damit du deinen Partner umarmen kannst. Das löst deine und seine Selbstkonzepte auf und bringt euch über dieses problematische Verhalten hinaus auf eine neue Stufe der Partnerschaft.

Sofern ein Mann nicht extrem unabhängig ist, hat er gelernt, seine Klagen über das, was in eurer Beziehung seiner Auffassung nach nicht funktioniert, nicht laut zu sagen. Ein Witz, den ich in Taiwan gehört habe, verdeutlicht dieses Prinzip. Eine Frau ging zu einem Wahrsager und fragte zutiefst frustriert: „Wann werden die Männer endlich laut sagen, was sie fühlen?" Der Wahrsager zog seine Kristallkugel zu Rate und erwiderte: „Am Neujahrstag werden alle Männer dieser Welt den Frauen sagen, was sie wirklich fühlen. Fünf Minuten später werden alle Frauen sehr unglücklich sein."

Wenn du deinen Mann zum Reden bringen willst, damit du eine Bestätigung von ihm bekommst, dann bitte ihn einfach darum. Stelle ihm keine Fragen, die ihn verrückt machen, wie etwa: „Sehe ich in diesem Kleid fett aus?" Ein Mann weiß normalerweise nicht, wie er über solche Dinge reden soll, ohne sich selbst in große Schwierigkeiten zu bringen, und sagt deshalb lieber gar nichts. Außerdem wird seine Antwort – sofern er nicht sehr geschickt ist – dir ohnehin keine Bestätigung geben.

Wenn du wissen möchtest, welche unausgesprochenen Klagen er dir gegenüber hat, dann achte auf das, worüber er sich bei anderen Dingen beschwert, und schließe daraus auf dich selbst. Jede Kommunikation seinerseits über andere

Situationen oder Menschen ist eine symbolische Metapher für das, was er – oft, ohne es überhaupt zu wissen – unterbewusst an dich kommuniziert. Wenn er sich zum Beispiel bei dir darüber beklagt, dass sein Chef ein Diktator ist und die Leute, die unter ihm arbeiten, ihn nicht wirklich kümmern, dann spricht er in Wahrheit von dir. Du tust am besten daran, diese Sache eigenständig zu heilen, ohne ihn für seine Gefühle anzugreifen. Seine Gefühle sind nicht richtig oder falsch. Für ihn sind sie richtig. Gefühle der Aufgebrachtheit sind jedoch niemals die endgültige Wahrheit. Aus diesem Grunde können Gefühle verändert werden.

Wenn du kein Vorbild in transformativer Kommunikation warst oder deinen Mann nicht zur Kommunikation ermutigt hast, dann hattest du wahrscheinlich Angst vor dem, was er zu sagen hat. Die meisten Männer fühlen sich von ihren Partnerinnen emotional drangsaliert oder erpresst, sodass sie im Hinblick auf Kommunikation resigniert haben. Sie können in dem Versuch, kommunizieren zu wollen, nichts Positives erkennen, weil sie sehen, dass Kommunikation fast immer missbraucht wird. Dein Mann weiß nicht, wie er mit Hilfe von Kommunikation eine Brücke zu dir bauen kann. Wenn du wirklich daran interessiert wärest, dann hätte er es schon lange getan. Zu oft hat sein Versuch, etwas zu sagen, damit geendet, dass er einen „Cowboy-Tanz" aufgeführt hat, um den Kugeln deines verbalen Revolvers zu entgehen. Viele Männer haben das Gefühl, dass ihre Frau „gut austeilen, aber schlecht einstecken" kann. Wenn du ihm einen Hinweis geben kannst, damit er weiß, was funktioniert, dann kann er dein Held sein. Wenn du klar sagst, was du als Frau willst, wird er dir ewig dankbar sein, denn dann erkennt er, was von ihm verlangt wird, und hat die Chance, seine Sache gut zu machen. Fast alle Männer sind ratlos, wenn es darum geht, was Frauen wollen. Sag es klar und deutlich. Was dir offensichtlich scheint, ist für ihn undurchsichtig.

Die meisten Männer, die ich kenne, hassen es, wenn ihre Frauen mit ihnen reden wollen. Sie gehen zum Wandschrank, holen Farbe und Pinsel heraus, malen sich eine Zielscheibe auf die Brust und sagen: „Na gut, Liebling, worüber wolltest du denn mit mir reden?"

Eine andere Sache, die Männer zum Wahnsinn treibt, ist, wenn ihre Partnerin von ihnen erwartet, dass sie Gedanken lesen können, um zu wissen, was sie fühlt und aus welchem Grund sie es fühlt. Wenn du in klaren Worten und präzise sagen kannst, was du von deinem Mann erwartest, dann hat er eine ziemlich gute Chance, dass es ihm auch gelingt. Wenn du erwartest, dass er deine Gedanken liest, wirst du auch dann nicht zufrieden sein, wenn es ihm gelingt, weil deine Bedürfnisse nicht dadurch erfüllt werden können, dass du jemanden dazu bringst, deine Forderungen zu erfüllen. Bedürfnisse fallen fort, wenn du die Kontrolle und die Unabhängigkeit loslässt, die sich darunter verbergen, um tiefere Verbundenheit zu erlangen.

Ein Mann fand die Lampe eines Dschinns und rieb daran. Der Dschinn erschien und sagte: „Lass mich eine Sache gleich klarstellen. Du hast nur einen Wunsch, nicht drei, ganz egal, was du gehört hast. Und wenn er zu schwer zu erfüllen ist, musst du einen anderen Wunsch äußern."

Der Mann sagte: „Ich wollte schon immer mal nach Hawaii, aber ich habe Angst vor dem Fliegen. Kannst du mir eine Autobahn nach Hawaii bauen?"

Der Dschinn antwortete: „Das fällt in die Kategorie ‚zu schwer'. Such dir etwas anderes aus."

Der Mann sagte: „Na ja, ich wollte immer schon die Frauen verstehen. Kannst du mir helfen, die Frauen zu verstehen?"

Der Dschinn überlegte eine Weile und sagte dann: „Soll die Autobahn zweispurig oder vierspurig sein?"

Die meisten Männer sind nicht in der Lage, tiefe emotionale Kommunikation über einen längeren Zeitraum aufrechtzuerhalten. Wenn du erfolgreich sein willst, würde ich vorschlagen, dass du nach neun Uhr abends kein ernsthaftes Gespräch anfängst, weil er sonst ziemlich schnell eingeschlafen sein wird.

Die Essenz von Sex

Sex ist die Essenz des Lebens. Er ist eine Möglichkeit, uns in Liebe zueinander zu bringen. Wenn man ihm mit der richtigen Einstellung begegnet, dann kann er zu der Sache werden, die der Erfahrung des Himmels am nächsten kommt. Ohne Bezug zur Liebe ist Sex noch immer berauschend, aber dennoch nur ein relativ oberflächliches Vergnügen. Wenn Sex mit Liebe einhergeht, dann ist er der Stoff, aus dem Legenden entstehen. Das beweist die Tatsache, dass wir uns an die Zeiten erinnern, in denen wir wunderbaren, mit Liebe verbundenen Sex hatten.

Wenn du in einer früheren Beziehung einen Herzensbruch erfahren hast, kann es sein, dass dadurch die Verbindung zwischen deinem Herzen und deinen Genitalien durchtrennt wurde. Das hat ein Muster aus Opfersein, Unabhängigkeit oder beidem in Gang gesetzt, das deine Verbindung zwischen Liebe und Sex abgewertet hat. Infolge dessen wird Sex zu einem eigenständigen Ziel, statt nur das Mittel zu sein, um ein Ziel – wie etwa Kommunikation – zu erreichen. Wenn dies geschieht, dann verliert der Sex seine wahre Bedeutung und nimmt stattdessen die Bedeutung an, die wir ihm zuweisen und die meist weit unter dem liegt, was möglich ist. Nachdem wir einen Herzensbruch erlitten haben, weil unsere Bedürfnisse und unser Wunsch danach, etwas Besonderes zu sein, nicht erfüllt wurden, haben wir ein gewisses Maß an Kontrolle über die Macht erlangt, die Sex über unser Leben ausübt, indem wir unsere Geschlechtsorgane von unserem Herzen abgeschnitten haben. Wir wollten den Schmerz lindern, aber dadurch haben wir den Sex auch eines Teils seiner Nähe, seiner Bedeutung und seiner Absicht beraubt.

Sex hat die Macht, uns zu transformieren, insbesondere dann, wenn echte Nähe geschieht. Nicht zufällig gehören sowohl Sex als auch Tod und Transformation ins achte astrologische Haus. Die Franzosen bezeichnen Sex in ihrer unnachahmlichen Weise als „la petite mort" – den kleinen Tod. In der Transformation sterben wir als das, was wir waren, und werden mehr wir selbst. Wenn echter Kontakt stattfindet, dann kann beim Sex dieselbe Veränderung geschehen, die uns nicht nur näher zueinander, sondern in einem positiven Fluss auch voranbringt. Wenn Sex als ein Akt der Liebe miteinander geteilt wird, dann nehmen sowohl unsere Vitalität als auch unser innerer Friede zu.

Sexuelle Energie erzeugt Lebensenergie. Ich erinnere mich noch an den letzten Monat vor dem Abgabetermin meiner Doktorarbeit. In dieser Zeit habe ich manchmal wochenlang fast jede Nacht durchgearbeitet. Um zwei Uhr morgens war ich erschöpft und schon leicht koffeingeschädigt. Ich hatte bereits so viele Liegestütze gemacht, um wieder wach zu werden, dass sie nur noch für maximal fünf Minuten wirkten. Dann dachte ich an meine Sammlung von Nackt-magazinen. Ich blätterte sie durch und hatte wieder genug Energie, um die nächsten zwei Stunden durchzuarbeiten. Um vier Uhr morgens war ich wieder erschöpft, aber jetzt wusste ich ja, was mich wach machen würde. Mein Dank geht an die zahlreichen Damen, die dazu beigetragen haben, dass ich meine Dissertation vollenden konnte! Sexuelle Energie kann dich sowohl wörtlich als auch bildlich aufwecken.

Eine wichtige Entdeckung

Vor etwa zwölf Jahren haben meine Frau und ich einen Workshop geleitet, dessen Motto lautete: „Schreibe dein Lebensdrehbuch neu." Im Laufe des Workshops stellte ich fest, dass die Teilnehmer anfingen, sich mit ihren sexuellen Problemen zu befassen, sich öffneten und selbstschädigende unterbewusste und unbewusste Muster in Bezug auf Sex klärten. Dabei wurde deutlich, dass diese sexuellen Probleme entsprechende Lebensprobleme widerspiegelten und dass es zwischen den sexuellen Problemen und den Lebensproblemen eine direkte Wechselbeziehung gab.

Bei einem anderen zehntägigen Workshop, den ich vor etwa sieben Jahren leitete, wurden erneut sexuelle Probleme zum Hauptthema des Workshops. Wiederum wurde deutlich, dass sexuelle Muster eine direkte Widerspiegelung von Lebensmustern sind. Die Transformation von sexuellen Mustern – dem Symbol für das Leben – besitzt die Macht, das Leben zu verändern. Die Wechselbeziehung zwischen sexuellen Mustern und Lebensmustern ist ein Prinzip, das mir seither immer wieder gezeigt wurde. Es ist sogar eines der Prinzipien von Hypnose: Wenn du etwas (einer Situation, einer Emotion, einer Sucht, einem Zwangsverhalten) ein Symbol zuweist und das Symbol veränderst, dann verändert sich dadurch auch das, was es symbolisiert hat. In Bezug darauf, dass Sex ein Symbol für das Leben ist, entdeckte ich, dass es zwischen den beiden bereits eine natürliche Wechselbeziehung gibt. Das heißt, dass du durch eine Veränderung deiner sexuellen Muster auch deine Lebensmuster verändern kannst. Im Prozess der Heilung kann dies dir sehr viel Zeit ersparen.

Die Natürlichkeit von Sex

Sex ist eine natürliche Funktion des Körpers. Da das Ego die Macht erkennt, die Sex besitzt, wenn es darum geht, echten Kontakt und Fluss zu erzeugen, macht es sich jedoch sofort daran, diese Macht durch Schuld und Scham zu sabotieren. Dies gilt in besonders hohem Maße für religiöse Schuld und Scham, die von anderen Menschen benutzt wird, um uns zu kontrollieren. Ganz genauso benutzen wir selbst Schuld in dem Versuch, uns zu kontrollieren, weil wir fürchten, wir könnten sexverrückt werden. Das ist selbstschädigend, weil wir dieses Gefühl von Schuld und Scham nicht ertragen und deshalb in noch höherem Maße dissoziieren. Je mehr unsere Dissoziation zunimmt, umso mehr stirbt unser Sexleben – oder es wird immer wilder, damit wir trotz unserer Dissoziation noch Erregung spüren können. Sie verstärkt genau das, wovor wir Angst haben. Dies sind Abwehrmechanismen, die zur Tagesordnung des Egos passen, weil sie das Ego stärken. Betrachte Sex grundsätzlich als etwas Natürliches. Scham und Schuld sind Fallen, die das Ego benutzt, um die transformative Kraft zu unterbinden, die Sex besitzt und die zu einer mystischen Stufe von Liebe und Verbindung führen würde.

Der Körper

Der Körper ist ein Werkzeug, das der Kommunikation und dem Lernen dient. Alles, was wir tun, ist eine Form von Kommunikation, die an wichtige Menschen in unserem Leben gerichtet ist. Alles, was wir nicht tun, teilt ihnen ebenfalls etwas mit. Wenn unser Körper nicht dazu benutzt wird, Liebe und Freundschaft zu kommunizieren, dann wird er zu einem Werkzeug, das dazu dient, die Kontrolle zu erlangen. Dabei spielt es keine Rolle, ob dies durch Gesundheit (Krankheit oder Verletzung) oder durch Sex geschieht (um zu beherrschen oder die Oberhand zu gewinnen). Wir benutzen unseren Körper, um einen anderen Menschen und mitunter auch uns selbst anzugreifen.

Unsere sexuellen Energiezentren

Unsere sexuelle Energie geht von den beiden ersten Chakras – Energiezentren in unserem Körper – aus. Das erste Chakra, das an der Basis der Wirbelsäule liegt, ist das Energiezentrum, das für unsere Vitalität steht. Diese Vitalität ist lebenserzeugend und kann als sexuelle Energie genutzt werden. Das zweite Chakra oder Energiezentrum liegt etwa sieben bis acht Zentimeter unterhalb des Nabels und ist sowohl das Chakra für unser Selbstbild als auch ein zweites Sexualchakra. Es spiegelt wider, was wir über uns selbst denken. Angesichts des extrem hohen Maßes an Selbstangriff, das in der Welt grassiert, wundert es nicht, dass das zweite Chakra in der Regel das am stärksten beschädigte Chakra ist, was bedeutet, dass auch unsere Sexualität in gleichem Maße beschädigt ist. Das garantiert, dass wir Sex benutzen, um uns selbst aufzuwerten, sorgt aber auch dafür, dass wir enttäuscht werden, weil wir etwas außerhalb von uns selbst benutzen wollen, um es zu erreichen.

Die Energie in den Chakras kannst du dir als eine natürliche schöpferische Kraft vorstellen. Diese schöpferische Kraft kannst du für deine Sexualität nutzen und dadurch Vergnügen erfahren. Einige Menschen benutzen Sex, um ihren Kopf frei zu bekommen oder sich kurzfristig besser zu fühlen. Sexuelle Energie sollte eingesetzt werden, um Liebe, Verbindung, Erfolg, Heilung, Dienen, Gesundheit, Feiern und sogar Wunder zu bewirken. Ein Geschäftsmann würde es sich auf einer Geschäftsreise möglicherweise zweimal überlegen, seine sexuelle Energie durch beiläufigen Sex zu vergeuden, wenn ihm klar wäre, dass er sie stattdessen genauso gut dafür nutzen könnte, sein Geschäft aufzubauen. Wir alle könnten noch einmal darüber nachdenken, was wir mit unserer sexuellen Energie aufbauen wollen.

Versuchung

Die meisten Menschen erkennen, dass sie, wenn sie von jemandem außerhalb ihrer Beziehung in Versuchung geführt werden, von etwas angezogen werden, das in ihrer eigenen Beziehung fehlt. Wenn wir uns zu einem anderen Menschen hingezogen fühlen, unsere sexuelle Energie aber dennoch unserem Partner zuwenden, geschieht etwas Paradoxes. Unser Partner entwickelt die Eigenschaft, die gefehlt hat, innerhalb von zwei Wochen. Ich habe unzählige Male erlebt, dass dies sowohl in persönlichen als auch in beruflichen Situationen so eingetreten ist.

Als ich jung, töricht und alleinstehend war, habe ich der Versuchung ein großes Maß an persönlicher Forschung gewidmet. Weil ich noch keinen Weg gefunden hatte, der durch das Stadium der toten Zone von Beziehungen hindurchführte, hatte ich der Monogamie den Rücken gekehrt. Als ich anfing, mich mit mehreren Frauen gleichzeitig zu verabreden, glaubte ich, die Versuchung sei dazu da, ihr zu erliegen. Obwohl ich mit vielen bezaubernden Frauen ging, lauerte die Leblosigkeit jedoch in erstickender Nähe.

Ganz einfach als Teil meiner Forschung formulierte ich eines Tages eine Frage: „Ich frage mich, was passieren würde, wenn ich dieser Versuchung nicht erläge?" Das führte dazu, dass ich eine neue Freundschaft genoss, meine sexuelle Energie aber auf meine damalige Partnerin ausgerichtet hielt. Daraufhin entwickelte meine Partnerin in nur zehn Tagen eine Eigenschaft, die ich bei ihr nicht für möglich gehalten hätte und die auch die andere Frau besaß, die mich in Versuchung geführt hatte. Im Interesse der Wissenschaft fing ich an, diese Idee bei den zahllosen Versuchungen auszutesten, die meines Weges kamen, und gelangte jedes Mal wieder zu demselben glücklichen Ergebnis. In dem Maße, in dem ich meine Energie auf meine Partnerin gerichtet hielt und einfach die Freundschaft der anderen Frau genoss, entwickelte meine Partnerin überraschenderweise genau die Eigenschaft, die mich außerhalb unserer Beziehung in Versuchung geführt hatte.

Ich hatte einmal einen Schüler aus Japan, der in einem Brief an mich seinen tief empfundenen Dank dafür zum Ausdruck brachte, dass ich ihn dieses Prinzip gelehrt hatte. Weil er seine sexuelle Energie auf seine Frau gerichtet hielt, hatte ihre BH-Größe in einem Jahr um mehrere Nummern zugenommen. Ich möchte dich allerdings daran erinnern, dass ich hier nicht so sehr über die Form spreche, von der du dich angezogen fühlst, als vielmehr über die Eigenschaft, die du durch die Form – oder in diesem Fall die Größe – zu bekommen glaubst. Um so dankbar zu sein, muss mein Schüler sowohl die Eigenschaft erfahren haben, die er durch die zusätzliche BH-Größe zu bekommen glaubte, als auch die Größe selbst.

Die schöpferische Kraft
sexueller Energie

Sexuelle Energie kann auf vielfältige Weise eingesetzt werden. Die schöpferische Kraft deiner sexuellen Energie kannst du nutzen, um die Liebe zu deinem Partner zu vertiefen. Außerdem kannst du Sex nutzen, um deine Gesundheit zu stärken. Sexuelle Energie kann benutzt werden, um deine Vitalität zu verbessern, indem du sie in deiner Vorstellung durch den Körper nach oben leitest und so dein Wohlbefinden insgesamt verbesserst. Du kannst sie sogar auf bestimmte Problembereiche richten, um so deine Heilenergie zu verstärken.

Mit Hilfe deiner sexuellen Energie kannst du dein Leben auf jede nur erdenkliche Weise stärken. Stell dir vor, sexuelle Energie sei Geld. Wo und wie würdest du sie gerne investieren? Wenn du sie als Akt der Liebe in deinen Partner investierst, besitzt sie die Kraft, dich und deinen Partner voranzubringen. Wenn du dich dem nächsten Schritt in deiner Beziehung oder einfach deinem Partner verpflichten würdest, dann brächte dies euch beide auf ganz natürliche Weise zum nächsten Schritt voran. Die Verbindung, die dann geschähe, würde euch einander nicht nur näher bringen und bewirken, dass sich eure Beziehung entwickelt, sondern würde euch entsprechend auch in Bezug auf Leben, Erfolg, Kreativität, Geld, Gesundheit und andere Bereiche voranbringen. Beziehungen sollen uns helfen, in dem ganz zu werden, was *Ein Kurs in Wundern* „eine heilige Beziehung" nennt. Als Folge der Verbundenheit, die Liebe und Erfolg mit Gnade hervorbringt, bietet sie dann Gelegenheiten, in denen die Verbindung so tief ist, dass der Traum fortfällt und wir erfahren, dass alles verbunden und das Einssein unsere wahre Realität ist. Das ist es, was *Ein Kurs in Wundern* den „heiligen Augenblick" nennt.

Der heilige Augenblick – die Erfahrung des Einsseins – kann in einer Beziehung jederzeit geschehen, und er kann auch beim Sex erfahren werden. Meine Frau hat ihn in der Anfangszeit unserer Beziehung während des Liebesakts erfahren. Sie schildert ihn als einen Moment, in dem sie jedes Urteil über mich fallengelassen hatte und mich vorbehaltlos in sich willkommen hieß. Infolgedessen fielen die Welt und unsere Körper fort, und ein so genannter „großer Strahl" wurde offenbart. In diesem Strahl aus pink- und goldfarbenen Wolken erstreckte sich das Einssein unendlich, und wir beide waren ein wesentlicher Bestandteil davon. Sie wusste, dass dieses allwissende, allliebende Licht und diese Glückseligkeit Gott war. Während dieser Zwiesprache lachte Gott, der sie vollkommen kannte, darüber, dass sie glaubte, sie könne dieses kleine, getrennte Selbst sein. Lency konnte sehen, dass sie, ich und alle Menschen ein Teil von

Gottes Licht sind. Unnötig zu sagen, dass dieses Erlebnis eine tiefgreifende Veränderung in ihr bewirkte.

Das Bedürfnis von Männern –
das Bedürfnis von Frauen

In einem Beziehungskurs, den ich 1989 in London gehalten habe, beschrieb ich einmal, wie Frauen sich nach Romantik sehnen und dass sie sich in dem Maße geliebt fühlen, in dem ihr Partner diesen Wunsch nach Romantik erfüllt. Alle Frauen im Raum nickten lächelnd, um meine Worte zu bestätigen. Daraufhin erklärte ich, dass Männer sich auf vergleichbare Weise in dem Maße geliebt fühlen, in dem ihre Partnerin ihren Wunsch nach Sex erfüllt. Das frohe Lächeln verwandelte sich augenblicklich in düstere, ungläubige Blicke. Die Frauen waren vollkommen niedergeschlagen, dass Männer auf diesem Niveau funktionieren. Ich sagte ihnen, dass das doch in Wirklichkeit die gute Nachricht sei, denn sofern sie selbst nicht in einen Kampf verwickelt waren oder Sex verurteilten, war die Pflege und Fütterung ihrer „Couch-Kartoffel" relativ einfach.

Deinen Mann zu motivieren wird zu einer ziemlich einfachen Aufgabe. Wenn du ihm allen Sex gibst, den er braucht, dann gibt er dir alle Romantik, die du brauchst. Dieses Prinzip fußt natürlich auf Gleichheit. Ist ein Mann

unabhängig, dann betrachtet er alles oft unter dem Blick-
winkel, dass seine Bedürfnisse zuerst erfüllt werden, auch
wenn er eigentlich helfen will.

Was ist denn schon dabei?

In einem Workshop, den wir vor etwa zehn Jahren in der Schweiz geleitet haben, sprach meine Frau – an die Teilnehmerinnen gerichtet – über Männer und Sex. Als sie erklärte, wie wichtig Sex für die Männer ist, erntete sie von den Frauen erneut Blicke des Entsetzens, bis sie schließlich leicht genervt sagte: „Ladies, was ist denn schon dabei? Es sind nur zehn Minuten eurer Zeit. Wenn zehn Minuten am Tag ausreichen, um etwas zu tun, das euren Mann vollkommen glücklich machen würde, warum wollt ihr es dann nicht tun?"

Da drehte der Mann neben mir sich mit einem eigenartigen Gesichtsausdruck zu mir um und sagte: „Was mache ich mit den restlichen fünf Minuten?"

Eine Eheberaterin, die auf Hawaii arbeitet, beschreibt auf ihre eigene Weise, wie wichtig Sex für einen Mann ist. Sie sagt, Sex sei für einen Mann so wunderbar wie ein Hauptgewinn im Lotto. In ihrer eigenen Welt lebend, die sich nur um sie dreht, will seine Partnerin jedoch nicht einmal etwas davon wissen. Was ich hier beschrieben habe, zeigt natürlich nur, wie wichtig Sex für einen Mann am Anfang einer Beziehung und in den darauffolgenden Jahrzehnten ist. Wenn er älter wird, kommt normalerweise auch der Sex ins Gleichgewicht. Wenn ein Mann dagegen häufig verletzt wurde, versucht er möglicherweise, Sex zu dissoziieren und auf ein Mindestmaß zu begrenzen, oder er dissoziiert und misst ihm zu viel Bedeutung bei.

Sex und Unabhängigkeit

Das Maß, in dem ein Mann unabhängig und somit dissoziiert ist, entspricht dem Maß, in dem er attraktiv ist, weil er „cool" und scheinbar ausgeglichen wirkt. Dennoch wird er gedankenlos Herzen brechen – nicht unbedingt absichtlich, sondern weil er sich von seinem eigenen Herzen dissoziiert hat, als es gebrochen wurde, und sich deshalb der Gefühle anderer Menschen gar nicht bewusst ist. Außerdem – und vielleicht noch wichtiger – will er von anderen Menschen nicht vereinnahmt werden. Wer versucht, ihn gefangen zu nehmen, wird deshalb natürlich enttäuscht werden oder erleidet sogar einen Herzensbruch. In Wahrheit lehnt der unabhängige Mann sich dagegen auf, wie er selbst in seinem abhängigen Stadium war, als er andere Menschen vereinnahmen wollte. Heilt er diesen Widerstand, indem er der Frau vergibt, die sein Herz gebrochen hat, oder integriert er sein altes, bedürftiges Verhalten, das er verurteilt hat, dann kann er endlich in Richtung wechselseitiger Abhängigkeit vorangehen.

Fehler in Bezug auf Sex

Wenn eine Frau versucht, Sex als Waffe zu benutzen oder ihren Mann durch Sex zu manipulieren, dann gibt er sogar seinen liebsten Zeitvertreib auf, um nicht manipuliert zu werden. Andererseits reagiert ein Mann jedoch außergewöhnlich gut auf „Motivation und Belohnung".

Deine Integrität ist von ganz entscheidender Bedeutung, wenn du die Beziehung aufbauen möchtest und willst, dass sie ihr Potenzial als Mittel zum Wachstum und zum Glücklichsein verwirklichen kann. Beziehungen scheitern sehr oft an mangelnder Treue. Die Nähe und die Kreativität, die zu den zutiefst befriedigenden Aspekten des Lebens gehören, gehen ohne Integrität verloren. Die meisten Menschen erkennen nicht, dass mangelnde Treue in einer Beziehung ihre Fähigkeit des Empfangens und Genießens blockiert. Sie kann dafür sorgen, dass eine Beziehung stecken bleibt, und einen Keil zwischen die Partner treiben. Das Ego treibt uns dazu, Versuchungen zu erliegen, und fängt dann an, uns mit Schuld zu quälen. Das Ego benutzt den ursprünglichen Fehler gegen uns, aber die Schuldgefühle und der Selbstangriff, die daraus folgen, verstärken den ursprünglichen Fehler nur und vermitteln uns das Gefühl, noch stärker getrennt zu sein. Infolgedessen machen wir ein- und denselben Fehler immer wieder, weil unsere Schuld dafür sorgt, dass uns die Gelegenheit, Brücken zu bauen, entgeht. Tu nichts, was deinen Partner verletzen könnte. Tu nichts, was du nicht tun würdest, wenn dein Partner im Raum wäre.

Die Geschichte von Goldie und Abie verdeutlicht diesen Punkt. Goldie und Abie waren ein junges jüdisches Paar aus Long Island. An ihrem Hochzeitstag bittet Goldie ihren Abie darum, jedes Mal, wenn sie „es" tun, auf der Kommode eine Kleinigkeit für sie hinzulegen.

„Wir sind verheiratet! Ich soll für Sex bezahlen?", ruft Abie entrüstet.

„Abie, wenn du mich liebst, dann legst du eine Kleinigkeit für mich hin."

Schließlich gibt Abie nach.

Fünfundvierzig Jahre später, als Abie in den Ruhestand geht, sagt er zu seiner Frau: „Goldie, es tut mir leid. Ich habe nicht viel verdient. Wir werden uns für unseren Lebensabend nur eine kleine Hütte leisten können."

Goldie lächelt Abie an und sagt: „Abie, erinnerst du dich an das viele Geld, das du auf der Kommode für mich hingelegt hast? Wir können uns zur Ruhe setzen und uns ein richtiges Haus leisten."

Abie schlägt sich auf die Stirn und sagt: „Wow! Wenn ich das gewusst hätte, dann hätte ich all mein Geld in dich investiert!"

Wenn du deinen Partner und deine Beziehung wertschätzt, dann wirst du immer weiter in beide investieren.

Du wirst dich durch die Kämpfe, die Leblosigkeit und deine eigene Angst vor Sex hindurcharbeiten, um deine Beziehung und dein Sexleben stark und lebensfähig zu erhalten. Du wirst nichts als Ausrede benutzen, um nicht auf deinen Partner zuzugehen.

Reifen

In dem Maße, in dem Mann und Frau in einer Liebesbeziehung reifen, verlieren Sex und Romantik an Bedeutung, weil Liebe in immer höherem Maße direkt statt durch äußere Zeichen der Liebe gegeben wird. Dennoch sind Sex und Romantik nach wie vor schöne Möglichkeiten, sich zu verbinden. Je weiter ein Paar über die Beziehungsstadien des Machtkampfs und der toten Zone hinausgelangt und seinen Weg zum Stadium der Partnerschaft findet, umso stärker entwickelt sich das spirituelle Element, und das Paar richtet sein Bewusstsein auf Gott aus.

Wenn du deinen weiblichen Aspekt wertschätzt, dann wertschätzt du dich selbst. Du bedienst dich deiner emotionalen Intelligenz, um herauszufinden, welcher Schmerz und welche Dissoziation geheilt werden müssen, damit deine Beziehung zum Stadium der wechselseitigen Abhängigkeit gelangen kann. Du heilst das „verletzte Weibliche" des Opferstadiums und hilfst deinem Partner, heil zu werden, damit ihr beide frei sein könnt. Dadurch, dass du das Weibliche wertschätzt, lässt du Verbindung wichtiger sein als Konkurrenz, und das bringt wiederum das übertriebene unabhängige Männliche ins Gleichgewicht und damit euch beide zum Stadium der Partnerschaft voran. Menschen, die nicht durch die Stadien des Machtkampfs und der toten Zone hindurchgelangen, um das Stadium der Partnerschaft zu erreichen, fürchten sich in Wirklichkeit davor, es zu tun.

Die Dinge verändern sich auch im Hinblick auf Sex. Als ich Anfang zwanzig war, jagten alle jungen Männer, die ich kannte – mich selbst eingeschlossen –, den Frauen nach. Mit Anfang dreißig war es genau umgekehrt.

In dem Maße, in dem sich die Beziehung entfaltet, wächst eine Frau auf natürliche Weise in ihre Sexualität und das Verlangen nach Sex hinein. Hat sie ihren Mann jedoch abgewehrt oder in Bezug auf Sex als Geisel genommen, wird sie sich der natürlichen Folge ihres Handelns stellen müssen – Einsamkeit. Wenn ihr Handeln von Aufrichtigkeit geprägt ist, wird sie hingegen feststellen, dass ihr Mann ein williger Partner ist, und Sex wird zur natürlichen Bestätigung seiner Liebe und ihrer Attraktivität. Wenn sie älter wird, gibt Sex ihr ebenso sehr Bestätigung und Anerkennung, wie sie ihrem Mann in jüngeren Jahren damit Bestätigung und Anerkennung gegeben hat.

Wenn ein Mann in seine goldenen Jahre kommt, lässt sein Sexualtrieb nach, und vielleicht meidet er Sex sogar ganz, wenn Impotenz droht. Mit den vielen Potenzpillen, die es heute zu kaufen gibt, ist das Problem allerdings nicht mehr ganz so groß. Wenn ein Paar ein erfülltes Sexleben hatte, dann fällt es ihnen in der Regel entweder leicht, es loszulassen, oder sie können sich auch in den späteren Jahren noch eines erfüllten und glücklichen Sexlebens erfreuen.

Nützliche Hinweise

I. Im ersten Stadium der Sexualität in einer Beziehung ist alles eitel Freude, sofern die Partner treu sind. Im zweiten Stadium ist die Beziehung aber vorangeschritten, und die Frau will erkannt werden. Sie möchte dort geliebt werden, wo sie sich innerlich befindet. Ohne Anleitung kann das für einen Mann eine besondere Herausforderung sein, denn in Bezug auf Sex ist für ihn „alles klar". Mit einigen Hinweisen kannst du ihn wissen lassen, dass du sowohl emotional als auch körperlich eine Verbindung erfahren möchtest.

Für einen Mann bedeutet das, dass er intuitiv erspüren muss, wo du dich auf einer emotionalen Ebene befindest, sodass das Liebesspiel nicht nur auf der körperlichen Ebene voranschreitet, sondern sich auch auf einer emotionalen Ebene entwickelt. Das ist die Voraussetzung für die machtvollen Stadien, die nach diesem Schritt folgen. Viele Menschen fürchten sich davor, das Stadium der Verliebtheit im Sex hinter sich zu lassen, weil sie das hohe Maß an sexueller Energie nicht verlieren möchten. Sie glauben, dass sie im zweiten Stadium etwas von entscheidender Bedeutung verloren haben.

Das zweite Stadium der Sexualität ist jedoch das Stadium, in dem wir in viel höherem Maße reif werden. Es ist das Stadium, in dem wir lernen, uns emotional zu verbinden. Wenn wir die Aufgabe dieses Stadiums der Beziehung nicht lernen, dann kann es geschehen, dass unsere Beziehung sowohl sexuell als auch emotional zu sterben beginnt.

Wenn dein Mann sich während des Liebesspiels emotional in dich hineinversetzt, dann stellt er vielleicht fest, dass du dort nicht nur ein anderes Alter hast, sondern womöglich auch andere emotionale Erfahrungen machst. Unabhängig davon, was du erfährst, kann er sich an diesem Ort mit dir verbinden und dich lieben. Wenn er auf dieser Stufe den Kontakt herstellt, dann fühlst du dich wirklich geliebt, und es wird sowohl emotional als auch körperlich zum Vergnügen.

II. Wenn du Sex mit deinem Partner hast, benutze deine Vorstellungskraft, um Liebe in ihn einströmen zu lassen. Du kannst abwechselnd auch andere Energien benutzen, wenn du möchtest, wie Vergnügen, Zärtlichkeit, Fürsorge oder Verspieltheit. Sobald du diese einfache Übung beherrschst, kannst du deine Erkundung fortsetzen, indem du andere Energien mit ihm teilst. Denke daran, dass die Energie der Absicht folgt. Sieh, fühle, erspüre und entscheide dich für das, was du während des Liebesspiels mit deinem Partner teilen möchtest. Nimm die Reaktion deines Partners wahr. Dies ist ein amüsanter

Weg, Forschung zu betreiben. Überlege dann, wonach dein Mann sich sehnt. Vielleicht sehnt er sich nach deiner Schönheit oder deiner Weiblichkeit. Berühre ihn mit dieser Energie, und lass sie dann in ihn hineinströmen. Mit der Zeit kannst du ihn auch körperlich lieben und, während du Liebe in ihn einströmen lässt, in die Zeit zurückgehen, in der er möglicherweise verletzt wurde, um dort Liebe in ihn einströmen zu lassen. Das bewirkt, dass Verbindungen in seinem Herzen, Geist und – wenn es einen Herzensbruch gab, der seine Gesundheit oder seine Sexualität beeinträchtigt hat – mitunter sogar in seinem Körper wiederhergestellt werden. Geh zur Wurzel zurück, an der ein bestimmtes Bedürfnis seinen Ursprung hat, und liebe ihn dort so tief und umfassend, dass sein Bedürfnis in der Gegenwart aufgelöst wird. Nimm wahr, wie erfolgreich du darin bist.

III. Lass nicht zu, dass etwas wichtiger für dich ist als die Verbindung zu deinem Partner. Lass kein negatives Gefühl und kein Verhaftetsein wichtiger sein als ihn. Deine Beziehung kann deine Fahrkarte nach Hause sein, wenn du ihr diesen Wert gibst.

Wie du das Leben in deinem Mann änderst – und nicht den Mann in deinem Leben

Ein Mann wächst emotional am liebsten dadurch, dass seine Partnerin den Schritt voran für beide geht. Und weil Beziehungen von großer Wirtschaftlichkeit geprägt sind, profitieren beide davon, wenn ein Partner den Schritt geht – vorausgesetzt, dass er es ehrlich und nicht als eine Form von Konkurrenz tut. Wenn du dich jetzt beklagst, dass immer du diejenige bist, die den Schritt gehen muss, dann sei daran erinnert, dass der Grund derselbe ist, aus dem er die schweren Pakete trägt oder die Möbel (widerwillig) umräumt – weil er normalerweise für diese Aufgaben besser geeignet ist. Diese Frage riecht immer nach Konkurrenz, die in Beziehungen äußerst zerstörerisch wirkt. Willst du diesen Weg des Egos wirklich weitergehen?

Ich habe festgestellt, dass, wenn du als Frau einen Schritt in Bezug auf Heilung oder Wachstum gehst, dein Partner im selben Maße einen Schritt vorangeht, vielleicht in Bezug auf Geld oder Erfolg. Dies ist das Gesetz der Wechselseitigkeit, demzufolge Partner dasselbe im selben Maße tun, ob positiv oder negativ. Ein Beispiel wäre, dass, wenn dein Partner dir untreu wäre, du im selben Maße bereits aufgehört hättest, ihm zu vertrauen. Und wo es kein Vertrauen gibt, dort gibt es keine Liebe.

Meine Damen, jetzt möchte ich euch neben dem Schritt nach vorne einen noch einfacheren Weg zeigen, wie ihr euren Mann ändern könnt. Erinnert euch daran, dass Kontrolle nicht funktioniert hat, und wenn Nörgeln oder Kontrolle den Zweck tatsächlich hätte erfüllen können, dann hättet ihr durch die Anwendung dieser Taktiken den Wert eures Mannes und eurer Beziehung in eurem eigenen Denken herabgesetzt. Wenn ihr es getan habt, dann zeigt dies wieder einmal, dass ihr nur konkurriert, statt Partnerin zu sein.

Wenn dein Mann dich enttäuscht, dann denke daran, dass es einfach zeigt, dass du den Konkurrenzkampf gegen ihn gewonnen hast. Wenn er gegen dich zu gewinnen scheint, dann beweist du wahrscheinlich insgeheim, dass du moralisch überlegen bist, und so gewinnst du den Konkurrenzkampf auf diese Weise. Konkurrenz hat in einer Beziehung eine zerstörerische Wirkung. Jeder Machtkampf und alle Leblosigkeit sind auf sie zurückzuführen. Nur Gleichheit, Wechselseitigkeit und Großzügigkeit können jedem von euch das geben, was ihr euch wünscht.

Hör gut zu

Die beste Zeit, eine glückliche Veränderung in deinem Mann zu bewirken, ist die Zeit, in der ihr euch liebt, denn dann hast du seine seltene, ungeteilte Aufmerksamkeit. Genau deshalb erhöht sich beim Sex auch der IQ des Mannes. Er ist an ein Genie angeschlossen. Beim Sex kannst du eine Gabe in deinen Mann einströmen lassen, die ihn positiv verändert.

Im Laufe der Jahre habe ich herausgefunden, dass wir in jeder Situation, in der wir uns befinden, eine Gabe besitzen, die imstande ist, die Situation zu transformieren. Sie mag unter Schmerz, Groll und Schuld verborgen sein, aber sie wartet darauf, dass sie geöffnet und von ganzem Herzen angenommen wird. Tust du es, dann schmelzen die Verteidigungsmechanismen von Schmerz, Groll und Schuld schnell dahin. Nehmen wir einmal an, dein Partner benimmt sich wie „das südliche Ende eines nach Norden laufenden Maultiers". Du hast eine Seelengabe mitgebracht (und das Versprechen, sie ihm zu schenken, hast du bereits vor Beginn dieses Lebens gegeben), um ihn in seiner Heilung zu unterstützen und ihm zu helfen, in höherem Maße sein wahres, essenzielles Selbst zu werden. Diese Gabe kann zum Beispiel in Wahrheit, Mut, Bereitschaft, Liebe, Glücklichsein oder richtigem Denken bestehen. Nimm einfach intuitiv wahr, was es ist. Geh dann zu dem Ort in deinem Geist, an dem deine Gabe auf dich wartet. Sieh die Tür, die zwischen all den anderen Türen potenzieller Gaben hell leuchtet. Öffne die Tür, nimm die Gabe von ganzem Herzen an und teile sie energetisch mit deinem Partner – insbesondere beim Sex, weil er in dieser Zeit besonders offen dafür ist. Du besitzt viele Seelengaben, die du mitgebracht hast, um sowohl ihm als auch eurer Beziehung zu helfen, und Sex ist die perfekte Gelegenheit, deinem Partner diese Gaben zu geben. Es hilft *dir*, sie mit ihm zu teilen. Alles, was du einem anderen Menschen gibst, gibst du dir selbst.

Du kannst auch den Himmel – oder mit wem auch immer du auf einer spirituellen Ebene verbunden bist – um eine andere Gabe für deinen Partner bitten. Empfange die Gabe einfach und teile sie energetisch mit ihm, insbesondere beim Sex. Nimm dann die Veränderung wahr, die in den folgenden zwei Wochen allmählich eintritt. Vielleicht möchtest du sogar Tagebuch führen, um die Erfahrungen aufzuzeichnen, die du damit machst, deinem Partner die Gaben des Himmels zu geben. Wenn du ihm diese Gaben beim Sex gibst, dann ziehst du daraus den zusätzlichen Vorteil, dass er sich glücklich deiner Führung überlassen wird. Ihr gelangt in einen noch größeren Fluss voran, wenn du die Gaben des Himmels für euch beide empfängst.

Beim Sex kannst du dir auch vorstellen, zu den Zeiten im Leben deines Partners zurückzukehren, in denen er am tiefsten verletzt wurde, und ihm zu diesem Zeitpunkt deine Gabe und die Gabe des Himmels geben und so Schicht um Schicht ihn und eure Beziehung heilen. Im Hinblick auf deinen Partner hast du (noch vor deiner Geburt) ein Versprechen auf Seelenebene gegeben, dass du ihn retten würdest, und dasselbe hat auch er getan. Deine Gaben beim Sex zu geben, ist eine mühelose Art, dies zu tun. Du wirst einen sehr glücklichen Mann haben. Und wenn er geheilt ist und seine Bedürfnisse erfüllt sind, dann wird er auf ganz natürliche Weise deine Bedürfnisse erfüllen. Ihr werdet glückliche Partner sein, weil ihr gute Partner gewesen seid.

Die glücklichsten Momente in deinem Leben können sexuelle Momente sein, wenn du Sex benutzt, um dich auf noch tieferen Ebenen als der körperlichen Verbindung von Geist zu Geist mit deinem Partner zu verbinden. Dies kann euch helfen zu erkennen, dass ihr in Wirklichkeit *ein* Geist seid, und die köstliche Freude zu erfahren, die damit einhergeht.

In dem Maße, in dem eure Beziehung wächst, wird sie zu einer Quelle der Liebe, der Hoffnung und der Inspiration für die Menschen in eurer Umgebung.

Zusammenfassung

Denke daran, dass du deine größte Chance zum Glücklichsein sabotierst, wenn es in deiner Beziehung immer nur darum gehen soll, dass du etwas Besonderes bist. Gib das emotionale Schwelgen zugunsten von emotionaler Intelligenz auf. Nimm deine natürliche Führungsaufgabe im Hinblick auf Beziehung, Emotionen, Wachstum und Kommunikation an.

Wahre im Hinblick auf deine Führungsaufgabe die Integrität, und du wirst einen bereitwilligen Schüler haben.

Bring deinem Mann bei, wie es geht. Zeige ihm, wie er bei dir Erfolg haben kann. Wenn er das Gefühl hat, dass er dich enttäuscht, dann wird er anfangen, die Beziehung aufzugeben. Sex ist eine großartige Möglichkeit, ihn zu motivieren. Wenn du ihm all den Sex gibst, den er sich wünscht (angefüllt mit Gaben), dann wird er dir überall hin folgen und dir all die Liebe und Romantik geben, die du dir wünschst. Lass ihn dein Held sein. Gemeinsam seid ihr ein großartiges Team. Deine Beziehung ist der schnellste Weg zu Wachstum, und sie ist deine größte Chance, glücklich zu sein. Sex vermag in deiner Beziehung echte Brücken zu bauen.

Wenn ihm nach Sex zumute ist und dir nicht, dann betrachte es einfach nicht als Sex, sondern als einen Akt der Liebe. Wenn du siehst, dass dich ihm sexuell zu geben nichts anderes heißt als ihn zu lieben, dann wird deine sexuelle Energie schon schnell genug anspringen. In all den Jahren unserer Ehe habe ich die „Politik der offenen Tür" meiner Frau stets zu schätzen gewusst. Sex ist eine wunderbare Möglichkeit, auf neuen Ebenen der Liebe und der Verbundenheit zueinander zu finden. Du kannst Sex nicht nur als Brücke benutzen, die von einem Partner zum anderen führt, sondern auch als Himmelsleiter. Wenn du deine sexuelle Energie als schöpferische Energie annimmst, dann kannst du sie abwechselnd in all den vielen anderen Bereichen einsetzen, für die sie gedacht ist – Wunder eingeschlossen.

Lass Sex der süße Nektar sein, als der er gedacht war, um dich und deinen Partner zueinander zu bringen.

Karten der Partnerschaft
Liebe in Partnerschaft und Beziehungen
Chuck Spezzano

90 künstlerisch gestaltete, farbige Karten mit Begleitbuch,
ISBN 978-3-86616-090-3

Die Karten der Partnerschaft wollen dazu beitragen, eine Beziehung auch dann lebendig zu erhalten, wenn die Phase der ersten Verliebtheit vorbei ist, und sie wollen dem Paar, das sie befragt, dabei helfen, erfolgreich alle Hindernisse und Klippen zu umschiffen, die jede Beziehung überwinden muss, um auf lange Sicht glücklich und erfolgreich sein zu können. Wie schon bei den Karten des Lebens hat die Künstlerin Petra Kühne auch hier wieder zu jedem Thema der insgesamt 90 Karten ein vollendetes kleines Kunstwerk geschaffen. Ein Begleitbuch erläutert die Bedeutung jeder Karte, zeigt Prinzipien auf, die verstehen helfen, was eine Beziehung voranbringt und was sie zurückhält, und macht Vorschläge für mögliche Befragungen. Die Karten der Partnerschaft sind eine wirklich gelungene Fortsetzung der bereits vor einigen Jahren bei Via Nova erschienenen Karten der Liebe und knüpfen nahtlos an deren großen Erfolg an.

Wie Sie herausfinden, wann Ihre Beziehung wirklich zu Ende ist und was Sie tun können, um sie zu retten
Chuck Spezzano

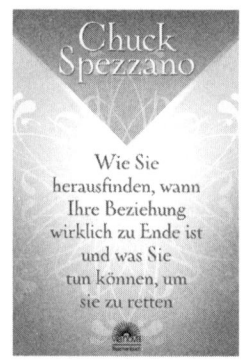

Taschenbuch, 120 Seiten, ISBN 978-3-86616-108-5

Heute sind (vor)schnelle Trennungen an der Tagesordnung, weil jeder glaubt, er könne beim nächsten Partner das Glück finden, das der gegenwärtige Partner ihm scheinbar nicht geben kann. Die Chance, in einer bestehenden Beziehung zu echter Partnerschaft zu gelangen, wird so oftmals voreilig und leichtfertig vergeben. Der erfahrene und weltweit bekannte Beziehungsexperte macht im vorliegenden Buch klar, was eine Beziehung zerstört und was sie zu stärken vermag. Er vermittelt Prinzipien der Heilung, die dazu beitragen können, eine Beziehung aus dem gefährlichen Fahrwasser einer drohenden Trennung herauszuführen, und er zeigt eine „narrensichere" Methode auf, die es einem oder beiden Partnern ermöglicht, zweifelsfrei festzustellen, ob ihre Beziehung wirklich zu Ende ist oder nicht.

Weitere Bücher aus dem Verlag Via Nova:

50 Wege, die wahre Liebe zu finden
Chuck Spezzano

Hardcover, 208 Seiten – ISBN 978-3-936486-10-0

Dieses Buch richtet sich an diejenigen, die auf der Suche nach ihrem wahren Partner sind. Aber auch an all jene, die ihren Partner bereits gefunden haben und Unterstützung auf dem eigenen Beziehungsweg suchen. Der Autor macht deutlich, dass es nicht damit getan ist, den richtigen Partner zu finden, es bedarf auch des Wunsches, mit diesem Partner zusammen glücklich zu werden. „Wenn du deinen Partner gefunden hast, geht die Reise erst richtig los!", so Chuck Spezzano. Aufgrund der universalen Gültigkeit der vorgestellten Beziehungs-Prinzipien lassen sich diese auch auf andere Lebensbereiche übertragen. Ob der Leser einen neuen Arbeitsplatz oder Unterstützung beim nächsten Schritt in seinem Leben sucht oder ob er sich allgemein mehr Erfolg, Glück und Gesundheit wünscht – immer wieder kann er dieses Buch zur Hand nehmen.

50 Wege, loszulassen und glücklich zu sein
Wegweiser, Vergangenes loszulassen und glücklich in der Gegenwart zu leben
Chuck Spezzano

Hardcover, 168 Seiten – ISBN 978-3-936486-20-9

Dieses Buch des weltweit bekannten Lebenslehrers Chuck Spezzano ist ein wichtiger Wegweiser für alle, die einen Ausweg aus ihrer Lebenskrise suchen, eine Veränderung in ihrem Leben herbeiführen und eine bessere und glücklichere Gegenwart und Zukunft für sich eröffnen wollen. In kurzen und einprägsamen Lektionen erklärt der Verfasser an vielen Beispielen, wie alte Muster aus der Vergangenheit unser Handeln in der Gegenwart beeinflussen, und macht deutlich, dass wir nur dann wahrhaftig glücklich sein können, wenn wir die Fähigkeit entwickeln, Vergangenes loszulassen. Die Wahrheit seiner Lehren und Prinzipien erweist sich immer wieder in ihrer praktischen Umsetzung im Alltag, ganz gleich, ob die Krise durch den Verlust einer Beziehung, den Tod eines geliebten Menschen oder den Verlust der Gesundheit oder des Arbeitsplatzes ausgelöst wurde. Dieses Buch wird zu einem Ratgeber, Lehrer und weisen Freund werden, der dem Leser jederzeit hilfreich zur Seite steht.

Liebe als Erfüllung aller Wünsche
Eine praktische Liebestherapie
Jürg Theiler

Paperback, 256 Seiten, ISBN 978-3-86616-110-8

Die Menschen sehnen sich nach Liebe, einer dauerhaften Liebesbeziehung, und setzen oft ihre ganze Energie ein, sie zu verwirklichen, weil sie dadurch Glück und Erfüllung erwarten. Warum gelingen aber solche Beziehungen häufig nicht oder zerbrechen wieder nach kurzer Zeit? Der Tiefenpsychologe Jürg Theiler ergründet in diesem Buch die psychischen Ursachen für Gelingen und Misslingen von Liebesbeziehungen, auch an Beispielen. Er erklärt, wie die in der Evolution des Lebens entwickelten Gehirnteile in der Psyche des Menschen unterschiedliche Bedürfnisse und Wünsche erzeugen, die einander oft widerstreiten, sich aber auch gegenseitig ergänzen und zusammen der Erhaltung und Weiterentwicklung des Lebens dienen und nur durch die Liebe in Einklang gebracht werden können. Durch eine bestimmte Fragetechnik und 36 „Ein-Sichten" kann der Leser seine psychische Ausgangslage und den Weg erkennen, wie er mit seinem Partner, seiner Partnerin seine Wünsche nach Liebe erfüllen kann.

Medizin für die Seele
Lebens- und Seelenkräfte im Alltag mobilisieren
Prof. Franz Decker

Paperback, 224 Seiten, 32 Grafiken, ISBN 978-3-86616-115-3

Für viele Menschen ist es heute sehr schwierig, den Herausforderungen des Alltags in unserer komplexen, schnelllebigen Welt gerecht zu werden, das eigene Leben selbstverantwortlich zu gestalten und sinnvoll und erfüllt zu leben. Prof. Franz Decker zeigt in seinem Buch diese Probleme auf, aber auch Möglichkeiten, die „Überlebenskräfte", die unerschöpflichen Kraftquellen der Seele und des Geistes, zu wecken und zu entwickeln, um in seelischem Gleichgewicht, mit Freude, Gelassenheit, Mut und Zuversicht das Leben zu bestehen. Das Buch erwuchs aus eigener Erfahrung und basiert auf den neuesten Erkenntnissen, dass durch eine entsprechende Neuorientierung und Seelenprogrammierung ein erfülltes und ausgeglichenes Leben möglich ist. Beispiele veranschaulichen und überzeugen. Es bietet sehr einprägsam ein Programm zur Förderung der Lebens- und Seelenkräfte im Alltag sowie Übungen zur Entspannung, Besinnung, Meditation, mentalen Lebensänderung und emotionalen Stabilisierung.des Arbeitsplatzes ausgelöst wurde. Dieses Buch wird zu einem Ratgeber, Lehrer und weisen Freund werden, der dem Leser jederzeit hilfreich zur Seite steht.